화병 종합 평가 지침서

최승원 · 김지수 · 박성아

박영story

광화문에 살았던 지난 십여 년의 생활 동안 출근하는 나를 반긴 것은 하루도 빠짐없이 1인 시위를 하기 위해 경찰청과 청와대를 찾는 시위자 분들이었다. 의료사고를 당한 사람, 임금을 체불당한 사람, 사기를 당한 사람. 사연은 가지각색이지만 분하고 억울한 마음에 여기라도 나와서 소리를 치지 않으면 미칠 것만 같다는 이들의 마음만은 차이가 없었을 것이다. 그러기에 비가 오나 눈이 오나 그 자리를 그렇게 지키고 있었을 것이다.

잠시만 참고 지나가면 사라지는 것이 억울하고 분한 마음이라면 차라리 다행일 것이다. 그러나 이 감정은 그렇게 쉽게 우리의 곁을 떠나지 않는다. 참고 마음에 쌓아 둘수록 이 감정은 더 큰 비수가 되어 내 몸과 마음을 괴롭힌다. 우리는 이런 마음의 현상을 '화병'이라 부르고 살아왔다.

화병이 대중에게 아주 흔한 현상임에도 불구하고 정작 화병에 대한 정의는 진단기준은 그렇게 명확하지 못하다. 서양 학문에 뿌리를 둔 임상심리학을 전공한 필자와 개발진이 이러한 현실을 마주하는 것은 당황스러운 경험이었다. 이미 잘 약속된 진단기준을 측정하는 검사를 개발하던 역할에서 정확히 언어화되지 않는 현상을 언어화하여 검사 문항으로 만들어야 한다는 것은 마치 인간이 처음 달 탐사를 시작했을 때와 같은 도전의 연속이었다.

이제 갓 세상에 선보인 이 화병 검사는 결코 화병에 대한 논쟁을 일단락시킬 수 있는 최종 해결책이 아니다. 오히려 화병이라는 신비한 우리 민족 고유의 정신질환을 이해하기 위한 첫걸음이 시작된 것이라고 말하고 싶다. 아직 한방 신경정신과 전문의들에게서조차 단일한 개념이 아닌 화병이란 현상에 대해 수용 가능한 정도의 합의점을 이끌기 위해 노력한 결과가 이 검사이다. 이 검사는 화병이라는 현상을 연구하기 위해 개발된 쓸만한 도구 중 하나이다. 이 도구를 이용할 많은 창의적인 임상연구자들의 손에서 화병의 비밀은 조금씩 그 속내를 드러낼 것이다.

저자들은 가능한 많은 개발 과정을 이 지침서에 담고자 하였다. 개발의 작은 고민조차도 사용자들과 공유하여, 이를 통해 건강한 비판과 대안 제시를 받고자 하기 때문이다. 검사 해석과 관련된 부분에 있어서는 아직 많은 개척의 여지가 남아 있다. 여러 연구자들의 연구성과가 누적될수록 이 책의 개정판은 더욱 풍성한 정보를 담게 될 것이다. 많은 분들이 이 검사도구를 통해 화병에 대해 더 많은 것을 알 수 있기를 희망한다.

쌍문동에서 저자 일동

HWA-BYUNG

차례

제3장 | 화병 종합 평가 실시 및 채점 · 41

제1장

화병 종합 평가 개요

HWA-BYUNG

제1장

화병 종합 평가 개요

1. 화병 종합 평가 개발 소개 및 이론적 배경

화병 종합 평가(Hwa-byung Diagnostic Scale; HBDS)는 화병을 진단하고 화병 증상의 심각도를 평가하기 위해 개발되었다. 화병 종합 평가는 화병의 증상을 측정하는 척도와 화병의 원인이 되는 사건 및 스트레스 정도를 평가하는 척도, 화병 심리 특성을 측정하는 척도를 포함하여 모두 3개의 기본 척도로 이루어져 있다.

화병은 미국 정신의학회에서 한국의 문화관련증후군으로 분류된 만큼(APA, 1994), 한국 문화와 관련이 깊은 정신장애인 동시에 화(火)의 특성으로 대표되는 한의학적 질병 개념이다(김종우 & 김상영, 2013). 화병은 분노가 원인이며, 특히 부당한 사회적 폭력, 외상 등에 의해 발생하는 분노 감정 내지 억울하고 분한 감정을 특징으로 한다(민성길 등, 2009). 또한 정서적인 증상뿐만 아니라 가슴 답답함, 열감, 치밀어 오름, 몸이나 명치에 뭉쳐진 덩어리가 느껴짐 같은 신체적인 증상도 포함되며(김종우, 권정혜, 이민수 & 박동건, 2004), 억제-참기, 외부 귀인(남 탓으로 돌리기), 경직성 등의 심리적인 특성을 가지고 있는 것으로 정의된다(민성길, 1993; 권정혜 등, 2008).

최근까지 화병 연구는 증례(군) 보고, 질적 연구 등 탐색적 연구가 주를 이루어져 왔으며, 화병의 발병 과정을 설명하는 몇 가지 이론이 제안되었다(Lee, Wachholtz, & Choi, 2014).

먼저 한의학적 관점에서 구병수 및 이종형(1993)은 화병이 음과 부조화 상태에서 기인한다고 보았으며, 이러한 균형의 문제가 몸의 열감을 일으킨다고 보았다. 민성길(2009)은 종합적 역동적 설명을 제시하며, 서양의학의 관점에서 분노와 같은 부정적 정서의 억제로 인해 발생하는 만성적 심인성 질환으로 보았다(그림 1). 또한 다른 문화권에서 보고되는 분노증후군과의 공통요소를 확인하여 분노장애(anger disorder)라는 진단명을 제안하였다.

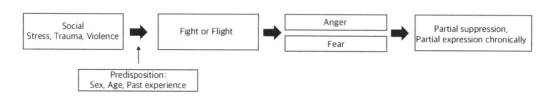

그림 1. 서양의학관점에서의 화병 발병 모델(민성길, 2009)

Lin(1983)은 심리적 관점에서 화병을 바라보았다. 지속되는 분노, 실망, 슬픔, 불행과 같은 부정적 정서는 잘 표현되지 않지만 종종 한계치에 도달하며 더 이상 억제할 수 없게 되는 경우가 있다. 그러나 Lin에 따르면 한국문화에서 적개심이나 갈등을 표현하는 것은 지양되기 때문에 한국인들은 심리적 증상을 화병이나 다른 신체적 문제로 표현하는 경향이 있다(Lee, Wachholtz, & Choi, 2014).

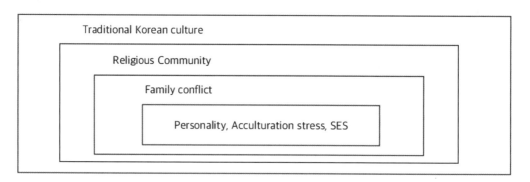

그림 2. 문화적 관점에서의 화병 발병 모델(Lee, Wachholtz, & Choi, 2014)

Lee, Wachholtz, & Choi(2014)는 문화적 관점에서 화병을 설명하였는데, 그에 따르면 화병은 한국의 전통적 문화, 사회경제적 환경, 종교 공동체, 가족 역학 등 여러 요인에 의해 영향을 받는 복합적인 현상이다. 개인들에게 초점을 맞춘 다른 모델과 달리 해당 모델은 문화적 스트레스와 민족적 정체성을 포함시킨다(그림 2).

최근에는 김종우, 김상영(2013)이 화병의 통합적 모델을 제시하였다(그림 3). 부당한 대우, 부정적인 사건을 경험한 후 화가 만들어지면 자존심이 상하고 가치가 상실되며, 마비나 통증, 치밂 등의 증상이 발생하고 분노, 열등감 등이 만들어지는 등 인지적, 신체적, 감정적 반응이 나타난다. 이러한 상태에서 소극적으로 반응하거나 회피하는 경우, 또는 좌절이나 포기를 하는 것과 같은 적절하지 못한 대처를 사용하는 경우 화병이 발생하게 된다.

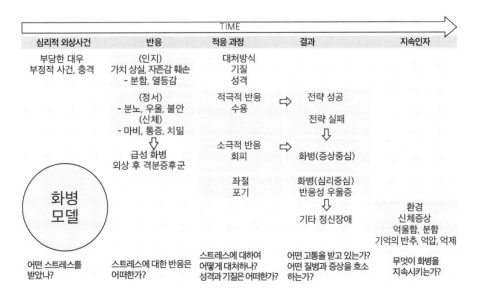

그림 3. 화병에 대한 통합적 모델(김종우 & 김상영, 2013)

2. 화병 척도 개발의 필요성

1) 자기보고식 화병 척도 개발사

화병에 관한 연구는 현재 활발히 진행되고 있다. 화병 환자에 대한 첫 임상적 연구(이시형,

1977; 민성길, 2009에서 인용) 이후, 많은 연구자들이 화병의 원인, 증상 등을 분석하고(박지
환 등, 1997; 민성길 & 김경희, 1998), 일반인을 대상으로 화병에 대한 개념을 조사하기 시
작하였다(이철, 1995). 화병의 생물학적 연구, 즉 분노와 관련된 뇌과학 또는 분자생물학적
언구 및 화병의 약물치료 등에 대한 연구도 등장하기 시작하였다. 화병 연구는 정신의학 분
야에서 나아가 한의학, 간호학, 심리학 분야 등에서도 진행되고 있다.

그러나 각 분야별로 화병을 바라보는 시각이 다르며, 화병을 정의하는 기준에도 서로 차이
가 있다. 또한 임상 현장에서도 화병의 진단은 환자의 진술과 의사의 주관적 판단에 의존하
는 면이 강해(전국한의과대학 신경정신과 교과서편찬위원회, 2018) 화병에 대한 진단 준거와
화병을 객관적으로 측정할 수 있는 도구의 필요성이 대두되었다. 이에 김종우, 권정혜, 이민
수, 박동건(2004)은 화병 환자의 진단을 위한 진단 준거를 만들고, 이를 기초로 하여 화병면
담검사(Hwa-Byung Diagnostic Interview Schedule: HBDIS)를 제작하였다. 화병면담검사
(HBDIS)는 화병을 객관적으로 평가할 수 있는 구조화된 면담을 진행할 수 있다는 점에서 유
용하나, 임상가가 직접 실시해야 하며 화병의 정도를 파악하는 측정도구로는 미흡하다는 제
한점을 가진다. 이에 권정혜, 김종우, 박동건, 이민수, 민성길, 권호인(2008)은 화병을 측정하
는 자기보고형 검사를 개발하였다.

화병 척도(권정혜 등, 2008)는 화병을 측정하는 최초의 자기보고형 검사로서, 하위척도로
는 성격 척도와 증상 척도가 있다. 해당 척도는 화병에 대한 심리학적 관점이 두드러지고 1
차 선별도구로 유용하며 우울증과의 변별에 초점을 맞추었다는 특징이 있다. 화병 척도는 화
병 성격 16문항, 화병 증상 15문항으로 이루어져 있으며 '전혀 그렇지 않다'(0점)부터 '완전
히 그렇다'(4점)에 이르는 5점 리커트로 평정한다. 화병 척도의 내적 일치도는 0.92, 화병 성
격과 화병 증상 하위척도의 내적 일치도는 각각 0.85, 0.93으로 보고되었다.

2) 화병 종합 평가 개발의 필요성

화병의 증상의 정도를 평가할 수 있는 자기보고식 척도에는 권정혜 등(2008)이 개발한 화
병 척도가 있다. 하지만, 현재 사용되고 있는 화병 척도는 몇 가지 한계점이 지적되고 있다.
첫째는 하위 척도인 화병 성격 척도와 화병 증상 척도 간 경계가 불분명하다는 것이다. 예를
들면, 증상 척도에 포함된 '내 삶은 불행한 편이다', '내 인생이 서글프다고 느낀다', '세상이
불공평하다고 느낀다'와 같이 증상으로 판단하기 어려운 문항이 포함되어 있다(민성길 등,
2009). 또한 민성길 등(2009)은 화병의 임상적 연구에서 화병 환자의 핵심적인 임상 증상으

로 나타난 주관적 분노나 화, 분노의 외적인 행동표현과 관련된 증상을 척도에서 충분히 담지 못하였으며, 쉽게 놀람, 죄책감과 같은 일반적인 신경증적 장애에서 흔히 보이는 화병 진단으로 고려하기 어려운 증상이 포함되어 있다고 지적한다. 이는 진단과 관련된 증상 척도가 화병 환자의 임상적 양상을 충분히 반영하지 못하여 화병 환자 진단에 모호성이 발생하는 문제로 이어진다.

　둘째는 화병 척도가 우울증과의 변별에 초점을 맞추어 개발되었다는 것이다. 그러나 '화병 역학연구 자료를 기반으로 한 화병 환자의 특성(김종우 등, 2010)' 연구에서 화병으로 진단된 93명 중 화병 단독은 21명에 불과했으며, 우울증을 함께 가지고 있는 환자는 60명(64.5%)이었다. 또한 강화도 정신과 역학 연구(이만홍 등, 1986; 이호영 등, 1989)의 한 부분으로 시행된 화병의 역학적 연구에서, 화병으로 진단된 61명 중 우울증(주요우울증+감정부전장애)은 18명(30.5%)인 만큼 화병과 우울증은 높은 병존율을 가지고 있다. 따라서 화병과 우울을 분리하여, 화병 단독군만을 대상으로 화병 진단 도구를 개발하는 것은 어려울뿐더러 임상적으로 유용하지 않다. 기존 화병 척도는 우울증과의 변별에 초점을 맞추고, 개발 과정에서 화병 단독과 우울 단독 집단, 화병 단독과 정상 집단을 구별해주는 문항으로 구성되었다. 이로 인해 화병과 우울을 함께 가지고 있는 환자에 대해 타당한 진단 정보를 주지 못한다.

　셋째는 화병 척도 타당화 연구에서 표집한 환자군의 연령은 40대 이상으로, 젊은 화병 환자는 포함되지 않았다는 것이다. 화병은 현대에 들어서 젊은 사람들에게도 나타나는 양상을 보인다(Kim & Kim, 2013). 건강보험심사평가원 통계자료에 따르면, 현대로 들어서면서 화병으로 병원을 찾는 20~30대의 젊은 사람들이 증가하고 있다. 20~30대 화병 환자는 2015년에 2,149명이었으나 2019년에는 3,372명으로 증가하면서 5년 만에 약 56.9% 정도가 증가하였다. 한국의 젊은 사람들은 성장발달 과정 중 이전 세대와 다른 사회문화적 요소가 개입됨에 따라 전통 화병과는 다른 화병의 양상이 나타난다. 전통적인 화병은 부당한 사회적 상황, 주로 부부간 갈등, 고부간 갈등으로 유발된다고 알려져 있다. 반면 현대의 화병은, 가부장적 남녀차별이 현대의 남녀 평등사상과 여성운동과 충돌하면서, 혹은 성실히 살아왔으나 사회 환경 때문에 손해를 봐야 하는 상황이 자주 발생하면서 화병이 양산되고 있다. 또한 민성길(2009)이 보고한 임상경험에 따르면, 60~70대 환자들은 전통적인 화병 양상, 즉 체념과 신체화 경향이 강하며 경과도 만성적이나, 비교적 나이가 젊은 40~50대 사람들은 분노와 정신적 고통, 분노의 신체현상을 직접적으로 호소하는 경향이 컸다. 김종우는 20~30대에서 화병 환자가 증가하는 것은 취업난이나 빈부격차, 극심한 경쟁문화 등에 따른 현대사회의 청년 문

제와 맞닿아 있다"며 "병원을 찾는 환자들은 대부분 직장이나 학업에 대한 부담감으로 화병
이 생기는데, 미래에 대한 불확실성과 상대적 박탈감 탓에 가슴이 답답하거나 숨이 막히고,
급작스럽게 분노를 표출하는 등의 증상을 호소한다"고 언급했다(이해완, 2017). 따라서 다양
한 연령대의 화병 환자를 고려하여 척도를 개발할 필요성이 있다.

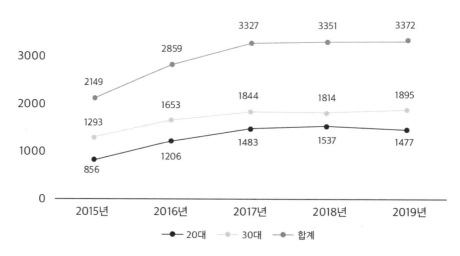

그림 4. 2015~2019 청년 화병 환자

마지막으로 현대에 사회문화적으로 적합하지 않은 표현이 있다는 것도 지적된다. 예를 들
면, "한스러운 때가 있다"와 같은 문항에서 쓰인 '한'이라는 단어는 현대에 들어서 잘 사용하
지 않은 단어이다. '한'은 화병과 밀접한 관련이 있는 개념으로, 화병 환자에서 한의 점수가
평균 3.86(SD=1.28), 비화병군에서는 1.60(SD=0.89)으로 통계적으로 유의한 차이가 있었다
(p=0.0001; 민성길, 2009). 하지만 한의 개념은 상당히 모호하며, 여러 가지 정서를 담고 있
다. 고은(1980; 민성길, 2009에서 인용)은 한을 아픔의 기나긴 축적, 가라앉음, 음기로서, 원
한과 고난에 시간이 더해진 것으로 정의했으며, 손상준(2007)은 그리운 사람을 그리워하는
마음, 서글픔, 슬픔, 후회, 우울, 증오, 복수의 감정, 원한, 후회, 한탄 등 복합적인 감정으로 보
았다. 또한 현대에는 한이 고전적인 소극적 슬픔, 비탄, 눈물, 절망, 체념보다도, 분노 증오, 폭
력 등 보다 직접적이고 적극적인 행동 증상이 나타난다고 본다. 이러한 표현은 관점에 따라
다양하게 해석될 가능성이 있으므로 환자 스스로 증상을 평가하는 것을 어렵게 만들 수 있다.

3) 화병 종합 평가의 의의

화병 종합 평가는 일차의료 장면에서 화병 환자를 선별해내고, 이후 치료 과정에서 증상 완화 정도를 평가하기 위한 목적으로 개발되었다. 또한 증상 심각도뿐 아니라 화병 사건에 대한 평가가 가능하도록 하고 높은 진단적 타당성, 민감도 및 특이도를 확보하는 데 주안점을 두었다. 기존 화병 척도를 보완한 화병 종합 평가의 의의는 다음과 같다.

먼저, 화병 종합 평가의 영역을 결정하는 데 있어 보다 체계적인 연구 방법을 사용하였다. 문항 수집 이전에 화병 핵심 증상에 대한 전문가 합의를 이끌어내기 위해 델파이 연구를 진행하였고, 이를 바탕으로 척도의 구조도를 도출하였다. 그 결과 신체적, 심리적 증상을 평가하는 영역 외에, 화병의 유발 원인이 되는 사건 질문지와 화병 환자의 인지적 특성을 측정하는 영역이 추가되었다.

또한, 앞서 언급했던 것처럼 화병 척도는 우울과의 변별을 위해, 화병 단독 집단과 우울 단독 집단에서 차이를 보이는 문항을 선정하였다. 화병 종합 평가를 개발하는 과정에서는 공병의 유무와 별개로 화병 환자들을 모집하여 타당도를 검증하였다. 대신 우울증 및 다른 신경증적 장애와의 변별을 위해 증상 척도는 화병 핵심 증상으로 문항을 구성하였다. 화병 핵심 증상은 델파이 연구와 전문가 자문을 통해 결정하였는데, 여기에는 화, 분노, 열감, 가슴 답답함이 포함된다.

증가하고 있는 젊은 화병 환자들을 고려하기 위한 목적으로, 그들의 화병 양상을 확인하고자 20대 화병 환자를 대상으로 반구조화된 면담을 실시하였다. 질적 연구를 통해 20대 화병 환자에게서 공통적으로 발견되는 증상 및 심리적 특성을 파악하고 이를 바탕으로 구조도를 구체화시켰다. 인지적 특성을 측정하는 영역은 인지적 해석, 반응, 대처 총 3개의 영역으로 나뉘었다. 인지적 해석은 '선행 사건에 대한 외부 귀인', '타인의 태도에 대한 부정적 해석'으로, 인지적 반응은 '대인관계 대처와 관련된 사회적 자기효능감 부족', '사회적 소외/타인의 지지에 대한 기대 부족'으로 구성되었다. 인지적 대처에는 '정서 중심적/회피적인 대처방식'이 포함되었다.

마지막으로, 반구조화된 면담을 통해 사회문화적으로 적합하지 않은 표현을 수정하였다. 기존 척도에서 사용된 '한'이라는 단어는 정의가 명확하지 않기 때문에 관점에 따라 다르게 해석될 여지가 있다. 또한 현대에는 잘 사용되지 않는 단어이기 때문에 젊은 화병 환자들에게 '한'이 어떤 의미인지 확인해볼 필요가 있었다. 20대 화병 환자를 대상으로 반구조화된 면담을 진행하고 면담 내용에 대한 질적 분석을 실시한 결과 '한'이 환자마다 다른 의미로 사용되고 있음이 확인되었다. 따라서 '한'이라는 단어는 해당 척도에서 사용되지 않고, 적절하게 수정되었다. 단어 및 내용 수정은 면담에서 수집된 젊은 화병 환자들의 증상에 대한 표현을 참고하였다.

3. 평가도구 개발 과정

평가도구 개발 과정은 다음과 같다. 먼저 자료 수집 단계로서 문헌 자료 분석과 델파이 연구, 반구조화된 면담이 진행되었다. 이를 바탕으로 화병에 대한 개념화와 화병 척도 구성 요인에 대한 합의가 이루어졌다. 합의된 내용에 대해 한방신경정신과 전문의에게 자문을 받았으며, 이후 화병 종합 평가도구의 최종 구조도가 확정되었다.

구조도의 조작적 정의에 따라 기존 척도를 바탕으로 문항 풀을 형성했다. 이어 한방신경정신과 전문의를 대상으로 화병 척도 구조도와 문항 풀에 대한 내용 타당도를 검증했으며, 화병 환자 30명을 대상으로 화병 예비 척도 문항에 대한 이해도를 확인했다. 안면 타당도 검증 결과를 바탕으로 일부 문항을 수정했고, 수정된 문항을 포함하여 2차 내용 타당도 검증을 실시했다. 선별된 문항의 신뢰도와 타당도 검증을 위해 화병 환자 150명을 대상으로 응답을 수집하고, 수집된 응답은 문항 분석과 내적일치도 검증, 다른 척도와의 상관 분석 등에 사용되었다.

예비 연구	척도의 사용목적 파악	⇒	척도의 목적과 필요성 확인
	문헌 자료 분석		
	델파이 연구	⇒	기존 화병 척도의 보완점과 화병의 요소가 합의됨
	반구조화된 면담		

문항 개발	반구조화된 면담 분석	⇒	화병 환자의 언어적 표현 수집
	델파이, 면담을 바탕으로 구조도 설정	⇒	화병 척도 구조도 설정
	구조도를 바탕으로 예비 문항 풀 수집	⇒	예비 문항 풀 도출
	자문을 바탕으로 문항 검토	⇒	문항 풀 도출
	문항 풀에 대한 내용 타당도 검증	⇒	예비 문항 1차 도출

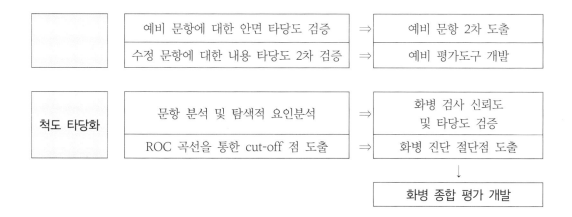

1) 예비연구

척도 개발에 앞서 평가도구가 측정하는 개념에 대한 명확한 정의가 필요하다. 화병은 한국 문화와 관련이 깊은 정신장애인 동시에 화(火)의 특성으로 대표되는 한의학적 질병 개념(김종우 & 김상영, 2013)으로 정리된다. 이러한 화병은 분노가 원인이며, 특히 부당한 사회적 폭력, 외상 등에 의해 발생하는 억울하고 분한 감정을 특징으로 한다(민성길, 서신영, 조윤경, 허지은 & 송기준, 2009). 또한 정서적인 증상뿐만 아니라 답답함, 열감, 치밀어 오름, 몸이나 명치에 뭉쳐진 덩어리가 느껴짐 같은 신체적인 증상도 포함되며(김종우, 권정혜, 이민수 & 박동건, 2004), 억제-참기, 외부 귀인, 경직성 등의 심리적인 특성을 가지고 있는 것으로 정의된다(민성길 등, 1993; 권정혜 등, 2008). 이러한 특징은 화병 진단기준에서도 찾아볼 수 있다.

표 1. 화병 진단기준

평가 내용	문항
A. 핵심 신체증상 (4가지 중 3가지 이상)	1. 가슴의 답답함 2. 열감 3. 치밀어 오름 4. 목이나 명치에 뭉쳐진 덩어리가 느껴짐
B. 핵심 심리증상 (2가지 중 1가지 이상)	1. 억울하고 분한 감정을 자주 느낌 2. 마음의 응어리나 한
C. 관련 신체증상	1. 입이 마르거나 목이 마름

(4가지 중 2가지 이상)	2. 두통이나 어지러움 3. 잠들기 어렵거나 자주 깸 4. 가슴이 두근거림
D. 관련 심리증상 (3가지 중 2가지 이상)	1. 사소한 일에도 화가 나거나 분노가 치밂 2. 삶이 허무하게 느껴지거나 혹 자신이 초라하고 불쌍하게 느껴짐 3. 두렵거나 깜짝깜짝 놀람
E. 심리사회적 기능 저하	1. 집안일, 직장일, 대인관계상의 어려움
F. 관련 스트레스	1. 증상과 관련된 스트레스
G. 의학적 질병	1. 의학적 질병 유무, 약물 복용 여부

그러나 화병 진단기준이 현장에 있는 한의사들에게 공감적으로 받아들여진다고 보기는 어렵다. 또한 화병의 증상과 특징, 다른 질환과 동반되는 증상 등에 대한 구분이 이루어지지 않고 있어, 현장에 대한 경험을 바탕으로 한의사들이 개별적으로 진단을 내리는 경우가 많다 (장재순, 조승모 & 김기왕, 2013; 한의신경정신과학, 2018). 이에 화병의 진단기준을 그대로 활용하기보다 이를 바탕으로 하되 임상의들의 경험을 표집하여 서로 동의할 수 있는 화병의 핵심 특성들을 중심으로 문항을 구성하고자 했다. 이를 위해 현실에서 화병 환자를 직접 보고 있는 임상의들의 화병 개념을 먼저 파악한 후 공통 부분을 추출하기 위한 예비연구를 시행했다. 먼저 델파이 조사를 통하여 화병의 증상과 고유한 특성에 대해 전문가들의 의견을 모으고, 이후 화병 환자와의 면담을 통해 이들이 실제적으로 경험하는 증상을 확인했다. 자세한 내용은 다음과 같다.

(1) 델파이 연구

델파이 기법은 조사 방법의 하나로, 예측하고자 하는 문제에 관하여 전문가들의 의견을 종합하고 정리하는 일련의 절차를 의미한다(이종성, 2001). 한방신경정신과전문의 16명을 대상으로 화병을 구성하고 있는 증상들에 대한 의견을 수집하여 화병의 진단을 위한 핵심 증상이 무엇인지 탐색하고자 델파이 연구를 진행했다. 이를 바탕으로 화병 종합 평가를 개발하는 데 있어 핵심적으로 포함되어야 하는 증상뿐 아니라, 다른 장애와의 감별을 위한 화병만의 고유한 특성에 대한 합의를 이루어 냈다. 더하여, 시대 흐름에 맞는 문항으로 구성하기 위해 젊은 화병 환자에게서는 어떤 특성이 있는지, 기존 화병 척도의 문항 중 적절하지 않은 언어적 표현에는 어떤 것이 있는지 확인했다.

표 2. 델파이 연구 전문가 집단

변인	유형	인원수 (%)
성별	남성	13 (81.25)
	여성	3 (18.65)
직위	교수	13 (81.25)
	학술연구교수	1 (6.25)
	한의원 원장	1 (6.25)
	수련의	1 (6.25)

1차 델파이 조사에 앞서 한방신경정신과전문의를 대상으로 화병 척도 개정의 필요성에 대한 설문을 진행하였다. 설문은 화병 면담검사와 화병 척도에서 개정이 필요한 부분에 대한 질문에 "예" 또는 "아니오"를 선택 후, 자유롭게 응답할 수 있도록 하였다. 질문은 "화병 척도/화병 면담 도구 문항이 화병의 실제 임상적 측면을 측정하는 데 효과적입니까?" "화병 척도/화병 면담 도구 문항이 한의학이 규정하는 화병의 개념을 잘 측정하고 있습니까?" "화병 척도/화병 면담 도구의 문항이 사회 변화를 반영하여 문제를 효과적으로 측정하고 있습니까?"의 문구를 통해 의견을 수집하였다. 의견을 바탕으로 보완이 필요한 6가지 공통된 범주를 구성하였다. 여기에는 '화병의 증상' '화병의 현대적 의미' '화병과 다른 장애와 감별' '정서/인지/행동/신체적 측면의 반영' '화병 증상의 변화' '언어적 표현'이 포함된다.

• 1차 델파이 조사

화병 척도 개정의 방향성을 결정하기 위하여 화병 척도 개정의 필요성에 따른 개방형 질문에 자유롭게 응답하는 개방형 설문을 1차로 진행하였다. 1차 델파이 조사 설문지에 포함된 질문들은 다음과 같다.

질문 목록
"화병의 특징적인 증상은 무엇입니까?"
"현대의 젊은 화병 환자에게서는 어떤 특성이 관찰됩니까?"
"다른 장애와의 감별을 위한 화병만의 고유한 특성은 무엇입니까?"
"화병의 '정서/인지/행동/신체' 영역 중 현 검사가 충분히 다루지 못하는 영역은 무엇입니까?"

> "경과 및 치료의 진전을 탐지하기 위해서는 어떤 증상이 추가되어야 합니까?"
>
> "적절하지 않은 언어적 표현에는 어떤 것이 있습니까? 어떻게 수정되어야 합니까?"

- 2차, 3차, 4차 델파이 조사

2차 델파이 조사 설문지는 1차 델파이 조사 결과를 바탕으로 작성하였다. 전문가의 응답 내용을 항목으로 분류 및 통합하여 5점 Likert 구조화된 폐쇄형 질문을 제작하였다. 질문은 각 범주에 따라 "증상의 기간" 1개 문항, "화병의 특징적인 증상" 22개 문항, "현대의 젊은 화병 환자의 특성" 19개 문항, "감별을 위한 화병의 고유 특성" 17개 문항, "정서/인지/행동/ 신체 영역" 16개 문항, "경과 및 치료의 진전" 11개 문항, "적절하지 않은 언어적 표현 수정" 20개 문항, "감정표현불능증의 증상의 포함" 1개 문항으로 구성했다.

3차, 4차 델파이 조사 설문지는 직전 차수 델파이 조사 결과를 바탕으로 작성하였다. 전문가 패널이 각 문항마다 5점 Likert 구조화된 폐쇄형 질문에 응답할 수 있도록 하였다. 직전 차수 조사에서 나타난 전문가 패널의 응답에 따른 중앙값과 사분위 범위를 추가로 제시하여 전문가 패널의 각 의견을 응답 시 참고할 수 있도록 하였다. 전문가 패널은 해당 차수에서 자신의 의견이 사분위를 벗어난 경우에는 이유를 기술할 수 있도록 문항마다 의견란을 제시 하였다.

- 연구 결과

1차 델파이 조사에 대한 전문가 의견을 분석하여 총 6개의 영역이 도출되었고, 2개의 추가 적인 의견이 포함되었다. 질문에서의 도출된 영역은 화병의 특징적인 증상, 현대의 젊은 화 병 환자의 특성, 감별을 위한 화병의 고유 특성, 정서/인지/행동/신체 영역, 경과 및 치료의 진전, 적절하지 않은 언어적 표현 수정으로 나타났고, 추가적인 의견은 강도 및 기간, 감정표 현불능증의 증상의 포함이 추가로 도출되었다.

- 전문가 의견 합의 결과

증상의 기간과 감정표현불능증 증상의 포함, 적절하지 않은 언어적 표현수정을 제외한 6 가지 영역(화병의 특징적인 증상, 감별을 위한 화병의 고유 특성, 현재의 젊은 화병 환자의 특성, 정서/인지/행동/신체 영역, 경과 및 치료의 진전)에서 전문가 패널의 응답을 분석한 결과는 다음과 같다.

표 3. 델파이 연구 결과

요인	유형	내용
공통 항목		(화/분노가) 치밀어 오름
		화/분노
		분함
		화/분노의 표출
		화/분노의 행동화
		화/분노의 억제
		화/분노의 조절 실패
		서러움, 억울함
		원망
		한탄 및 하소연
		가슴 답답함
		열감
		목이나 명치에 걸리거나 뭉친 느낌
		부당사건에 대한 주의 편향 및 기억 편향
		화병을 형성하는 비합리적 신념 및 인지 특성
		어쩔 수 없는 상황 혹은 느낌
요인별 항목	화병 특징적인 증상	중기 불면
		상황에 대한 인내
		스트레스 원의 지속
		가슴 두근거림
	감별을 위한 화병의 고유 특성	화/분노의 대상을 인지함
	현대의 젊은 화병 환자의 특성	사회적 요인으로 인한 스트레스
		다른 일에 지나치게 몰두
		작은 자극에도 쉽게 화/분노 폭발
	정서/인지/행동/신체 영역	대처 전략 결함
		잠들기 어렵거나 자주 깸

경과 및 치료의 진전	화/분노 조절에 대한 자신감 및 효능감
	수면 상태 개선
	긍정적인 감정 및 생각
	짜증 개선

정리해본 결과, 화병은 화/분노로 특징지어지며, 여기에 서러움과 억울함, 원망이라는 감정이 함께 나타난다. 신체적인 증상으로는 가슴 답답함, 열감, 목이나 명치에 걸리거나 뭉친 느낌이 있으며, 인지적인 특징으로는 부당사건에 대한 주의 편향과 기억 편향, 화병을 형성하는 비합리적 신념 및 인지 특성, 어쩔 수 없는 상황 혹은 느낌이 있다.

더하여 화병의 특징적인 증상으로는 중기 불면, 가슴 두근거림이 있다. 또한 다른 질병과 구별되는 화병 환자들의 특징으로는 화를 나게 하는 대상을 인지하고 있으며, 지속되는 스트레스 원에 대해 인내하고 있다는 점이다. 이들은 대처 전략에서 결함을 보이기도 한다.

이는 현대의 젊은 화병 환자들에게서도 나타나는데, 이들은 문제를 해결하기보다 그 외 다른 일에 지나치게 몰두하는 특성이 있다. 반면 스트레스 원은 사회적 요인에 의한 것이 많으며, 작은 자극에도 쉽게 화를 내거나 분노가 폭발하는 특성을 보인다.

따라서 새로운 화병 평가도구는 화병의 진단기준에 해당하는 증상들만 확인하는 것이 아니라, 델파이 조사를 통해 합의된 화병 증상들을 포함하기로 결정하였다. 여기에는 그들이 경험하는 스트레스 사건에 대한 조사도 포함되는데, 이는 감별을 위한 화병 환자의 특성이 '화/분노의 대상을 인지함'으로 확인되었을 뿐 아니라 진단기준에 따라 환자가 경험하고 있는 스트레스 수준을 평가할 필요가 있기 때문이다. 문헌조사와 델파이 연구 결과에 따라 설정된 화병 종합 평가의 초기 구조도는 다음과 같다.

표 4. 화병 종합 평가 초기 구조도

Part 1. 사건 질문지	사건 - 주로 위계적 대인관계의 요소가 포함되는 스트레스 사건 여부 - 주관적 스트레스 수준
	사건에 대한 반응 및 대처 - 사건이 불합리하고 부당하다는 인식 - 사건이 전적으로 외부에 의해 일어났으며 스스로 대처할 수 없다고 지각

Part 2. 핵심 증상 심각도 척도	신체 증상 - 가슴 답답함 - 열감 - 목과 명치에 뭉쳐진 느낌
	정서적 증상 - 분노감 - 억울함

(2) 반구조화된 면담

화병과 관련된 선행 연구의 대상자는 주로 40세 이상의 중장년층이었다. 40세 이상의 화병 환자와 젊은 화병 환자의 양상은 다르다는 델파이 연구 결과를 따라, 새로운 척도에는 변화된 양상을 반영하기 위하여 젊은 화병 환자 8명을 대상으로 반구조화된 면담을 진행했다.

표 5. 반구조화된 면담 대상자

구분	사례 번호	연령	성별	최종학력	직업	결혼 상태	화병 증상 척도 점수	면담도구 기준
1차 면담	1	24	여	고등 졸	대학생	미혼	38	Y
	2	24	여	고등 졸	대학생	미혼	48	Y
	3	26	여	고등 졸	대학생	미혼	58	Y
2차 면담	4	26	여	학사 졸	대학원생	미혼	41	Y
	5	23	여	학사 졸	대학원생	미혼	42	Y
	6	22	여	학사 졸	직장인	미혼	48	Y
	7	22	여	학사 졸	직장인	미혼	60	Y
	8	27	여	학사 졸	직장인	미혼	47	Y

화병 환자의 신체, 정서 증상과 달리 인지적 특성에 관한 연구는 상대적으로 부족한 실정이다. 그러나 화병은 신체, 정서 증상이 발현되는 사회문화적 맥락과 인지적 특성이 강조된다는 점에서 타 정신장애와 변별될 수 있다. 이에 질적 연구를 통해 화병 환자의 인지적 특성을 파악함으로써 델파이 연구를 바탕으로 도출된 화병 척도의 1차 구조도 중 '사건에 대한 반응/대처'에 대한 세부적인 내용을 탐색했다. 또한 델파이 조사 중 화병의 증상으로 나타난 '화병을 형성하는 비합리적 신념'을 구체화하기 위해 관련 내용은 따로 정리하여 확인하였다.

면담 과정에서 수집된 신체, 정서 증상에 대한 언어적 표현은 이후 화병 검사 문항 개발 시 활용되었다.

• 연구 방법

면담은 반구조화된 면담으로 진행되었다. 반구조화된 면담은 질문의 내용과 방식을 제한하여 면담자와 피면담자의 재량권을 최소화하는 구조화된 면담에 비하여 미리 만들어진 질문을 순서대로 진행하되 면담 대상자에게 면담지를 바탕으로 추가적인 질문을 할 수 있는 융통성을 가진 면담 기법이다. 이에 내담자의 응답과 그 의미에 대해 구체적으로 탐색할 수 있다는 장점이 있다. 문항은 델파이 연구를 바탕으로 도출된 1차 구조도를 바탕으로 제작한 반구조화 면담 질문지를 따랐으며, 질문 내용은 다음과 같다.

표 6. 반구조화된 면담 질문 목록

질문 항목	질문 내용
증상	- 어떤 경험 때문에 화병이라고 생각했나요(느꼈나요)? - 그 경험에 대해서 좀 더 자세히 설명해 주시겠어요? - 생활을 하다 보면 누구나 화가 나기도 합니다. 어떤 점에서 병이 아닐까 느끼게 된 것인지 설명을 해주세요. - 증상을 언제 처음 경험하셨나요? - 증상이 심할 때와 아닐 때의 차이가 어떤가요? - 마음속에 한이 있다고 생각이 드시나요? - 한이 무엇이라고 생각하시나요?
증상의 변화	- 화병이라고 생각하게 된 '경험'/증상들이 진행된 과정을 설명해주세요. - 증상들이 동시에 나타나나요? - (증상들이 동시에 나타나지 않는다면) 증상이 나타나는 순서는 어떻게 되나요? - 증상이 나아지는 순서는 어떤가요?
선행 사건	- 앞에서 질문 드렸던 화병(경험)의 원인이 되는 스트레스 사건(직접적인 사건)이 무엇인지 말해주세요. - (그 경험들에 대해서) 자세히 설명 부탁드립니다. - (그 사건을) 언제 처음 경험하셨나요? - 다른 사람과도 갈등이 있었을 텐데 왜 유독 그 사람에게(이 사건에 대해서) 화가 나고 화병이 생겼을까요? 다른 갈등과의 차이가 있나요?
선행 사건에 대한	- 병이 생기기 전에도 같은 상황이나 관계는 계속해서 가지고 있었던 것 같은데 화병을 생기게 한 어떤 상황적 변화가 있었나요?

주관적 스트레스	- 이 사건이 선생님에게 어떤 영향을 미치고 있나요? - 이런 스트레스는 얼마나 오래되었나요? - 오랫동안 영향을 미쳤다면 그 이유는 무엇인가요? - 그 사건에 대해서 스트레스를 어느 정도로 느끼고 계시나요? - 이러한 스트레스가 있을 때와 없을 때의 차이가 어떤가요?
사건에 대한 인식	- 그 사건에 대해서 어떤 생각이 드시나요? (사건에 불합리하고 부당하다는 인식이 있는지 확인)
통제 소재에 대한 지각	- 그 사건을 어떻게 대응하고 견뎌내고 있나요? (외부 귀인을 하는지 확인) - 사건을 어떻게 대처하셨나요?

면담은 녹취록의 형태로 변환하여 분석되었다. 화병 증상이라는 특정한 경험을 이해하고, 그로 인한 심리적 변화의 본질과 구조를 탐색하기에 적합하다고 생각되는 현상학적 접근법을 활용하여 면담 내용을 분석했다. 먼저 녹취록을 반복해서 읽으면서 면담 전체 내용을 파악한 후, 화병 증상 혹은 증상과 관련된 의미 있는 진술(의미 단위)을 추출하였다. 의미 단어는 비슷한 주제끼리 묶어 하위 범주를 구성했고, 이를 기반으로 의미가 비슷한 요인들끼리 묶어 범주화 작업을 시행하였다. 면담 내용 해석과 분류화 작업에 있어 오류나 편견을 줄이기 위해 연구자 3인이 함께 자료를 분석하였다.

2) 문항 개발 단계

(1) 기존 화병 및 분노 관련 척도 수집 및 분석

예비연구 결과를 바탕으로 기존 화병 척도와 구조도의 조작적 정의에 맞는 기존 척도의 문항을 수집하여 문항 풀을 구성했다. 문항들은 델파이 연구, 한방신경정신의학과 전문의 자문을 통한 전문가 의견과 화병 환자 대상으로 한 질적 연구에서 수집된 언어적 표현을 바탕으로 수정이 이루어졌다. 또한 모든 문항의 구조를 통일하고 중복되거나 적절하지 않은 문항은 삭제하여 화병 척도 예비 문항 풀을 제작했다. 그 결과, 총 142문항이 최종적으로 문항 풀에 포함되었다. 각 척도 문항 출처는 다음과 같다.

표 7. 화병 증상 척도 문항 출처

요인	관련 척도 출처
신체 증상	-화병면담검사(HBDIS; 김종우, 권정혜, 이민수, 박동건, 2004) -화병 척도(민성길, 서신영, 조윤경, 허지은, 송기준, 2009) -화병 척도(권정혜 등, 2008)
정서 증상	-화병면담검사(HBDIS; 김종우, 권정혜, 이민수, 박동건, 2004) -화병 척도(민성길, 서신영, 조윤경, 허지은, 송기준, 2009) -화병 척도(권정혜 등, 2008) -상태-특성 분노 척도(STAXI; 한덕웅, 이장호 & 전겸구, 1998)

표 8. 사건 질문지 문항 출처

요인	관련 척도 출처
선행 사건	-화병의 원인적 요인(민성길, 1989) -Trauma History Screen(Carlson, E. B. et al, 2011)
선행 사건에 대한 스트레스 수준	-Trauma History Screen(Carlson, E. B. et al, 2011) -성인용 트라우마 사건 질문지(김수연, 2019) -외상 후 위기 체크리스트(PRC; 주혜선 & 안현의, 2008)

표 9. 화병 심리 특성 척도 문항 출처

요인	관련 척도 출처
선행 사건에 대한 외부 귀인	-Internal, Personal, Situational Attributions Questionnaire(IPSAQ; Kinderman & Bentall, 1996)
타인의 태도에 대한 부정적 해석	-일차적 분노사고 척도(서수균 & 권석만, 2005)
대인관계 대처와 관련된 사회적 자기효능감 부족	-사회적 자기효능감 척도(강한아 & 김아영, 2013) -개정판 사회적 문제해결 검사(최이순, 2002) -화병 척도(권정혜 등, 2008)
사회적 소외/ 타인의 지지에 대한 기대 부족	-사회적 지지 척도(박지원, 1985) -Young Schema Questionnaire Short form 3(YSQ S3A; Lee et al, 2015) -UCLA 외로움 척도 3판(진은주 & 황석현, 2019)
정서 중심적인 대처방식/ 회피적인 대처방식	-스트레스 대처 전략(K-coping Strategy Indicator; 신혜진 & 김창대, 2002) -대처방식척도(Ways of Coping Questionnaire; 이장호 & 김정희, 1988) -사회적 문제 해결 도구(SPSI-R; 최이순, 2002) -화병 척도(권정혜 등, 2008)

한방신경정신과 전문의 추가 자문을 바탕으로 연구자들 간 합의를 통해 문항을 삭제 및 수정하였다. 의미가 중복되거나 조작적 정의에 맞지 않는 문항은 삭제하였으며, 문항 속성을 통일화하기 위해 다음과 같은 척도 문항들이 수정되었다.

표 10. 문항 수정 내용 예시

수정 척도	수정 내용	수정 예시
화병 척도	델파이 결과 80% 이상 수정에 동의한 문항을 수정함	한스러워지는 때가 있다 → 서글프다고 느낀다
화병 면담검사	자기보고식 평가 형식에 맞게 평서문을 수정함	식욕감퇴 → 식욕이 줄어들었다
일차적 분노 척도	개발될 화병 척도는 사건 설문지를 통해 선행 사건을 파악한 후, 이에 대한 인지적 반응을 측정하고자 하는 것이므로 특정한 상황에 대한 가정을 삭제하여 수정함	내가 미리 전화를 걸어 얘기를 했는데도 상대가 약속을 이행하지 않으면, 이는 나를 무시하는 것이라는 생각이 든다 → 상대방이 나를 무시한다는 생각이 든다

3) 검사 타당화 단계

(1) 내용 타당도 및 안면 타당도 검증

기존 문헌조사와 연구 결과를 바탕으로 설정된 구조도에 따라 문항을 수집하고, 각 문항의 속성을 통일화하여 문항 풀을 구성하였다. 이 과정에서 모호한 문항은 수정되고 적합하지 않거나 중복되는 문항들은 제외시켰다. 문항 풀에 포함된 문항들은 한방신경정신과 전문의를 대상으로 내용 타당도를 검증하였다. 내용 타당도는 측정도구의 내용이 측정하고자 하는 구성개념을 얼마나 적절히 반영하고 있는가에 대한 것을 의미한다(Mokkink 등, 2010).

본 검사 개발을 위한 예비 문항의 내용 타당도를 검증하기 위하여 1차로 본 연구자들이 검토하여 중복되는 의미를 가진 문항들을 삭제하였다. 2차로 한방신경정신과 전문의 5명이 문항을 검토하며 각 문항이 측정하고자 하는 구성개념을 잘 반영하고 있는지 평가하였다. 그리고 3차로 화병 증상 척도(권정혜 등, 2008)에서 30점이 넘은 화병 환자 30명을 대상으로 안면 타당도 검증을 실시했다. 이때 안면 타당도는 검사 대상이 되는 사람들에게 해당 문항이 얼마나 친숙한지, 이해되기 쉬운지를 나타낸다. 화병 환자를 대상으로 화병 검사의 예비 문항을 제시하고, 이를 쉽게 이해할 수 있는지 평가했다. 만일 이해가 어려운 경우 의견을 받아 이해하기 쉬운 문장으로 수정하였다. 수정된 문항은 또 다시 한방신경정신과 전문의 8명을 대상으로 내용 타당도 검증을 거쳤다. 이와 같은 과정을 통하여 문항 내용이 모호한 것과 이중적인 표현이 포함되어 있거나, 중복되는 문항을 수정 및 보완하여 증상 질문지 16문항, 반응 질문지 30문항으로 총 46문항을 구성하였다.

(2) 문항 분석 및 신뢰도 검증

앞서 언급한 개발 필요성을 토대로, 화병을 선별하고 평가할 수 있는 검사도구를 개발하고자 하였다. 화병 예비 척도는 한방신경전문의를 대상으로 내용 타당도를 확인하였고, 화병 증상 척도(권정혜 등, 2008) 30점을 넘은 사람 30명을 대상으로 안면 타당도를 확인하였다. 모두 좋은 타당도를 가지는 것으로 확인되었으며, 척도에 대한 의견은 적절하게 수용하여 문항을 수정하였다. 다음 단계는 문항 분석 및 신뢰도 검증을 통하여 최종 문항을 선정하는 것이다.

기존 화병 척도의 한계점으로 제시되는 것 중 하나는, 척도 개발 및 타당화를 위한 연구의 표본수가 적었다는 점에 있다. 또한 화병 환자군의 경우 평균 연령이 51.03세(표준편차: 10.71세)였는데, 젊은 화병 환자들을 고려함에 따라 표본을 구성하는 데 있어 나이를 고려해야 할 필요성이 있다. 본 연구에서는 연령별 층화 표집을 통해 40~50대가 아닌 다른 연령층의 환자들을 대상자로 포함시켰다. 연구 대상자는 다음과 같다.

표 11. 타당도 검증 연구 대상자

		화병 집단 (n=180)
성별	남	10 (5.6%)
	여	170 (94.4%)
나이	40대 미만	7 (3.9%)
	40대	54 (30%)
	50대	88 (48.9%)
	60대	27 (15%)
	70대 이상	4 (2.2%)
결혼 상태	기혼	164 (91.1%)
	사별 및 이혼	9 (5%)
	미혼	7 (3.9%)

• 증상 설문지

- 문항 분석

문항들이 적합한지 검토하기 위해 평균과 표준편차를 확인했으며, 정규성을 확인하기 위해 왜도와 첨도를 평가하였다. 본 연구에서 개발된 문항들의 평균은 2.550~3.444였으며, 왜도 ±3, 첨도 ±7의 기준치를 넘지 않았다.

문항 간 상관 분석 결과, 신체 4번과 신체 5번 문항의 상관이 .814로 높은 상관을 보였다. 이에 CVI가 상대적으로 낮았던 신체 5번을 삭제하였다. 또한 정서 7번 문항의 경우 다른 문항 간 상관이 1.59~.493으로 낮은 상관을 보였고, 정서 3번 문항과 비슷한 내용으로 판단되어 삭제되었다. 정서 8번 문항은 정서 5번과 9번 문항과 유사한 내용일 뿐 아니라, 문항 제거 시 내적 일치도가 상승되기 때문에 삭제되었다.

표 12. 문항의 평균, 표준편차, 왜도, 첨도, 문항 총점 간 상관 (N=180)

	평균	표준편차	왜도	첨도	문항 총점 간 상관
신체1	2.778	.8941	-1.206	1.590	.557
신체2	3.211	.6163	-.308	.163	.568
신체3	2.983	.6807	-.517	.741	.618
신체4	3.083	.6840	-.742	2.003	.569
신체5 (삭제)	3.000	.7323	-.690	1.287	.593
신체6	3.089	.6190	-.058	-.390	.588
신체7	2.617	.8274	-.438	-.023	.622
정서1	3.444	.6535	-.885	.247	.679
정서2	3.439	.6530	-.988	.941	.676
정서3	3.344	.6628	-.633	-.105	.705
정서4	3.017	.8014	-.689	.633	.756
정서5	2.944	.7602	-.601	.819	.757
정서6	2.550	1.0099	-.385	-.476	.693
정서7 (삭제)	3.222	.6478	-.375	-.119	.577
정서8 (삭제)	2.628	.8718	-.322	-.289	.766
정서9	2.850	.8152	-.656	.522	.716

문항 분석 후 남은 13개의 문항들이 요인분석에 적합한지 판단하기 위해 Kaiser-Meyer-Olkin(KMO)을 이용한 표본 적합성 결과 .900으로 나타났으며, Bartlett의 구형성 검정 결과 1016.641(p=.000)로 나타나 요인분석에 적합한 것으로 나타났다. 요인분석 결과 13개의 문항에서 3개의 요인이 추출되었으며, 이는 전체 분산의 53.345%를 설명한다.

표 13. 증상 질문지 요인분석 결과

요인	문항	요인		
		1	2	3
화병 신체 증상	신체 5. 가슴속에 열이 차 있는 것을 느낀다.	.719	.195	.073
	신체 3. 무언가 아래(배)에서 위(가슴)로 치민다.	.654	.152	.228
	신체 2. 가슴이 답답하다.	.584	.255	.101
	신체 1. 목이나 명치(가슴)에 뭉쳐진 덩어리가 느껴진다.	.543	.081	.217
	신체 6. 가만히 있어도 가슴이 심하게 두근거린다.	.472	.142	.362
	신체 4. 얼굴에 열이 달아오른다.	.380	.283	.167
화병 정서 증상	정서 2. 마음속에 화가 풀리지 않고 쌓여 있다.	.235	.847	.186
	정서 1. 억울하고 분한 감정을 느낀다.	.275	.671	.256
	정서 3. 화가 쌓여 있어 사소한 일에도 분노를 느낄 때가 있다.	.154	.666	.430
	정서 4. 분에 차서 안절부절 못할 때가 있다.	.401	.477	.399
분노 통제 곤란	정서 6. 물건을 부수고 싶을 만큼 화가 날 때가 있다.	.202	.194	.746
	정서 7. 분노를 주체하기 어려울 때가 있다.	.202	.290	.710
	정서 5. 분노를 참을 수 없다고 느낄 때가 있다.	.288	.387	.621

13문항에 대한 신뢰도는 내적 일치도를 통해 검증하였다.

표 14. 증상 질문지 문항 신뢰도 검증 결과

영역	화병 신체 증상	분노 억압	분노 통제	전체 문항
Cronbach' α	.773	.853	.821	.889

- 화병 진단을 위한 절단점 산출

화병 증상 질문지의 진단 유용성을 평가하기 위해 ROC 곡선(Receiver Operating Characteristic Curve)을 통해 화병 환자 집단과 정상 집단을 변별해내는 민감도와 특이도를 평가했다. 예비 연구를 통해 확인된, 화병의 특징이 주로 화병 증상 질문지에 포함되어 있어 절단점을 구하는 데에 화병 증상 질문지만을 사용하였다. 다만, 화병을 진단하기 위해서는 사건 질문지를 통해 선행 사건의 유무와 지속 기간 또한 확인해야 한다.

절단점 산출을 위한 기준집단 분류는 화병 척도(권정혜 등, 2008)의 증상 척도 30점을 기준으로 하였으며, 정확한 집단 구분을 위해 화병면담도구를 추가적으로 사용하였다. ROC 곡선을 구하기 위해 모집한 표본은 다음과 같다.

표 15. ROC 곡선 산출을 위한 표본의 인구통계학적 정보

		화병 집단(n=180)	통제 집단(n=101)
성별	남	10 (5.6%)	29 (28.7%)
	여	170 (94.4%)	72 (71.3%)
나이	40대 미만	7 (3.9%)	90 (89.1%)
	40대	54 (30%)	4 (4%)
	50대	88 (48.9%)	6 (5.9%)
	60대	27 (15%)	0
	70대 이상	4 (2.2%)	1 (1%)
결혼 상태	기혼	164 (91.1%)	12 (11.9%)
	사별 및 이혼	9 (5%)	0
	미혼	7 (3.9%)	89 (88.1%)

화병 증상 질문지의 ROC 곡선은 다음과 같다.

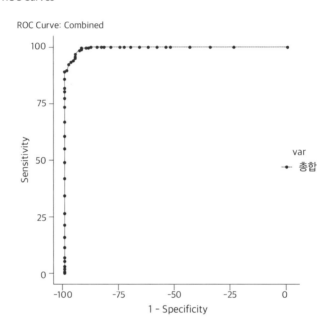

그림 5. 절단점 산출을 위한 ROC 곡선

화병 증상 질문지의 절단점을 산출하기 위한 값은 <표 16>에 제시되어 있으며, 분석 결과에 따라 절단점은 22점으로 선정했다.

표 16. 화병 증상 질문지의 절단점 산출을 위한 ROC 분석

절단점	AUC	민감도(%)	특이도(%)	PPV(%)	NPV(%)
19	0.995	99.44	89.11	94.21	98.9
20	0.995	99.44	90.1	94.71	98.91
22	0.995	99.44	92.08	95.72	98.94
23	0.995	98.89	92.08	95.7	97.89
24	0.995	98.33	93.07	96.2	96.91

PPV, positive predictive value; NPV, negative predictive value

• 사건 질문지

사건 질문지는 다음과 같은 사건 유형 중에 자신을 화나게 만든, 혹은 스트레스가 되는 유형을 선택하도록 되어있다. 화병 환자들은 흔히 다수의 스트레스 사건을 경험하며, 스트레스 사건 중 하나를 정하기 어렵다는 안면 타당도 검증 연구에서 제시된 의견에 따라 사건을 중복 선택이 가능하도록 되어 있다. 다음은 화병 환자 180명이 선택한 사건 유형의 빈도를 나타낸다.

표 17. 화병 선행 사건 유형 선택 빈도 (n=180)

사건 유형	빈도 (%)
부부간 갈등	129 (71.7)
금전적 문제	98 (54.4)
자식과의 갈등	76 (42.2)
고부간 갈등	68 (37.8)
부모와의 갈등	34 (18.9)
직장 내 스트레스	28 (15.6)
사회적 불공평성	22 (12.2)
정치적 문제	17 (9.4)
기타	21 (11.7)
없음	0 (0)

180명의 화병 환자 중 129명이 '부부간 갈등'을 화병에 대한 선행 사건으로 선택하면서 화병의 원인이 되는 주요 원인으로 확인되었다. 이어 금전적 문제, 자식과의 갈등, 고부간 갈등 역시 높은 빈도를 기록했다. 부모와의 갈등과 직장 내 스트레스의 경우 각 34명, 28명이라는 적은 수의 인원이 선택하였으나 해당 사건들은 예비 연구를 통해 젊은 화병 환자에게 주로 나타나는 원인으로 평가되었다. 이는 본 연구의 표본의 평균 나이가 52.4세였기 때문에 나타난 결과로 보인다. 사회적 불공평성과 정치적 문제의 경우, 각 22명, 17명이 화병의 원인으로 지적하면서 이 역시 화병을 유발할 수 있음이 확인되었다. 반면 스트레스 사건이 '없음'을 선택한 수검자는 한 명도 없었는데, 이는 화병 환자는 자신이 화병을 경험하고 있는 이유, 즉 선행 사건을 인지하고 있다는 예비 연구 결과와 일치한다.

- 사건에 대한 스트레스 수준

스트레스 수준과 관련된 3개의 문항은 앞서 선택한 스트레스 사건들 중 제일 화병의 원인이 되는 사건을 기준으로 스트레스 수준을 평가한다. 문항이 적합한지 확인하기 위해 기초적인 문항 분석을 실시해 평균과 표준편차, 왜도와 첨도를 확인하였다.

표 18. 사건에 대한 스트레스 수준 문항 분석 결과

	평균	표준편차	왜도	첨도
고통 수준	4.494	.5232	-.214	-1.422
힘듦 수준	4.578	.5385	-.749	-.592
스트레스 기간	4.822	.5805	-3.952	17.360

해당 문항들은 수검자가 경험하는 스트레스 사건이 얼마나 주관적으로 큰 영향을 미치는지를 평가한다. 스트레스 수준을 정량화하기 위한 목적보다는 화병의 촉발요인을 확인하기 위한, 즉 진단적 정보를 얻기 위한 질문지로서 사용된다.

추가적으로 화병을 포함하여 다른 정신질환이 없는 정상 집단을 대상으로 응답을 분석한 결과는 다음과 같다. 스트레스 사건이 없다고 응답한 8명의 응답 결과는 제외시켰으며, 스트레스 2번 문항의 경우 응답을 하지 않은 1명을 제외한 92명의 응답만이 포함되었다.

표 19. 정상 집단과 비교한 스트레스 수준 문항 분석 결과

	집단	최소값	최대값	평균	표준편차
고통 수준	화병 (N=180)	3	5	4.49	.523
	정상 (N=93)	1	4	2.90	.933
힘듦 수준	화병 (N=180)	3	5	4.57	.539
	정상 (N=92)	1	5	3.07	1.003
스트레스 기간	화병 (N=180)	1	5	4.82	.581
	정상 (N=93)	1	5	3.30	1.705

• 화병 심리 특성 척도
- 문항 분석

내용 타당도 검증 결과를 바탕으로 문항 30개를 선정하였다. 이때 '그 일을 잊기 위하여 다른 일을 하거나 다른 활동을 한다'는 문항은 기준치에 비해 CVI가 낮긴 하였으나, 젊은 화병 환자들의 특징으로 예비 연구에서 언급된 만큼 문항 분석에 포함하기로 하였다. 선정된 문항 30개를 대상으로 문항의 적합성과 정규성을 확인하기 위해 기초적인 문항 분석을 실시했다. 해당 문항들의 평균은 2.078~3.333이었으며, 왜도 ±3, 첨도 ±7의 기준치를 넘지 않았다. 내적 일치도의 경우 26, 28번 문항을 삭제할 경우 .948로 신뢰도가 상승하기 때문에 해당 문항을 삭제하였다.

6번과 27번 문항의 경우, 예비연구에서 주요한 특성으로 언급된 바가 있어 연구자들 합의 하에 삭제하지 않았다. 그러나 문항-총점 간 상관에서 27번 문항이 총점과 부적 상관을 가지는 결과가 나와 해당 문항은 삭제하기로 하였다.

표 20. 화병 심리 특성 척도 문항의 평균, 표준편차, 왜도, 첨도, 문항 총점 간 상관

	평균	표준편차	왜도	첨도	문항-총점 간 상관
특성1	2.450	.9761	-.350	-.454	.535
특성2	2.906	.8950	-.805	.754	.569
특성3	2.417	1.0669	-.478	-.445	.667
특성4	2.511	1.0857	-.598	-.356	.681
특성5	3.333	.8119	-1.253	1.885	.440
특성6	3.239	.7649	-.890	.627	.334
특성7	3.006	.8812	-.704	.138	.471
특성8	2.911	.8987	-.757	.425	.565
특성9	2.411	.9960	-.455	-.107	.667
특성10	2.733	.9665	-.756	.226	.590
특성11	2.889	.9208	-.775	.317	.642
특성12	2.506	.8620	-.494	.135	.649
특성13	2.739	1.0376	-.641	-.037	.749
특성14	2.500	1.0384	-.484	-.202	.739
특성15	2.261	.9709	-.138	-.226	.769
특성16	2.106	1.0056	-.147	-.530	.775
특성17	2.100	1.0990	-.226	-.587	.800

특성18	2.156	1.1128	-.312	-.605	.785
특성19	2.244	1.0656	-.335	-.602	.773
특성20	2.078	.9998	-.123	-.274	.753
특성21	2.200	1.0954	-.328	-.438	.787
특성22	2.494	1.0754	-.544	-.228	.779
특성23	2.567	1.0254	-.559	-.361	.792
특성24	2.656	.9532	-.786	.529	.688
특성25	2.511	1.0753	-.561	-.192	.691
특성26 (삭제)	2.094	1.0448	-.102	-.422	.329
특성27 (삭제)	2.761	.8930	-.510	.058	.020
특성28 (삭제)	2.483	1.0274	-.361	-.530	.082
특성29	2.367	1.0670	-.247	-.563	.545
특성30	2.172	1.1178	-.176	-.687	.520

문항 분석 후 남은 27개의 문항들은 KMO를 이용한 표본 적합성 결과 .919로 나타났으며, Bartlett의 구형성 검정 결과 3747.520(p=.000)으로 나타나 요인분석에 적합한 것으로 보인다. 요인분석 결과 4개의 요인이 추출되었으며, 이는 전체 분산의 60.082%를 설명한다. 그러나 요인 3에 포함된 6번, 8번, 5번 문항의 요인 부하량이 .4 이하로 나타나 해당 요인에 속한다고 보기 어려워 삭제하였다.

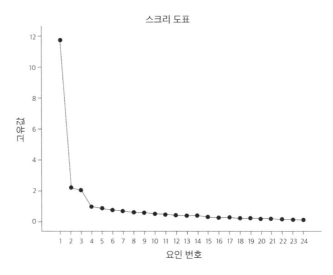

그림 6. 화병 심리 특성 척도의 스크리 도표

2차로 진행한 요인분석 결과, KMO는 .922, Bartlett의 구형성 검정 결과 3536.312(p=.000)가 나타나 문항들은 여전히 요인분석에 적합한 것으로 나타났다. 요인분석 결과 24개의 문항에서 3개의 요인이 추출되었으며, 이는 전체 분산의 61.836%를 설명한다.

요인	문항	요인 1	요인 2	요인 3
사회적 소외감	특성21. 도움을 청할 사람이 아무도 없다고 느낀다.	.861	.078	.275
	특성17. 내가 고민하는 문제를 기꺼이 들어주는 사람이 없다.	.818	.212	.218
	특성19. 내가 기분이 좋지 않을 때 나의 감정을 이해하려고 노력하는 사람이 없다.	.816	.201	.182
	특성23. 내가 중요하게 생각하는 사람으로부터 위로나 격려를 받지 못한다고 느낀다.	.785	.245	.224
	특성18. 내가 도움이 필요할 때, 직접적 또는 간접적으로 도와주는 사람이 없다.	.782	.295	.160
	특성22. 내가 중요하게 생각하는 사람이 내 일에 관심을 갖고 걱정해주지 않는다고 느낀다. (삭제)	.773	.250	.207
	특성20. 내 주변 사람들은 내가 잘했을 때도 칭찬을 해주지 않는다.	.742	.276	.186
	특성16. 내가 필요하고 가치 있는 존재임을 인정해주는 사람이 없다.	.730	.232	.267
	특성15. 주변 사람들로부터 사랑과 보살핌을 받지 못하고 있다고 느낀다.	.713	.277	.262
	특성14. 내 주위에는 더 이상 의지할 만한 곳이 없다.	.712	.197	.257
	특성24. 사람들이 진정으로 함께 있지 않고 그저 주위에 있을 뿐이라고 느낀다.	.669	.154	.225
	특성13. 세상에 혼자 있는 것처럼 느껴진다.	.650	.283	.274
대인 관계 과민성	특성3. 나를 보잘것없는 존재로 보는 사람이 있다.	.284	.844	.150
	특성4. 나를 우습게 보는 사람이 있다. (삭제)	.282	.842	.167
	특성1. 나를 무시하는 사람이 있다.	.195	.740	.089
	특성2. 내 생각은 전혀 해주지 않는 사람이 있다.	.254	.682	.099
문제 해결 효능감 부족	특성30. 너무 늦어서 아무것도 할 수 없게 될 때까지 문제 해결을 미룬다. (삭제)	.207	-.057	.727
	특성29. 문제 해결을 가능한 뒤로 미룬다.	.208	.030	.694
	특성7. 사건을 해결하려고 노력하기보다는, 걱정을 많이 한다.	.110	.121	.622
	특성9. 중요한 문제가 생겼을 때, 해결 방법을 찾을 수 없다.	.259	.391	.568
	특성25. 문제를 해결하는 것을 포기하며 살고 있다.	.413	.209	.548
	특성12. 사건을 해결하기 위해 노력을 하더라도 실패할 것이다.	.239	.415	.538
	특성11. 내가 아무리 노력한다 해도, 문제를 해결할 수 있을지는 의심스럽다.	.270	.445	.462
	특성10. 마음이 상해도 표현할 수 없다.	.329	.223	.425

요인1의 경우, '도움을 청할 사람이 아무도 없다고 느낀다', '세상에 혼자 있는 것처럼 느껴진다' 등 총 12문항으로 구성되었다. 문항 분석 결과 비슷한 내용의 22, 23번 문항의 상관이 .864로 나타나 연구자 간 합의하에 22번 문항을 삭제하여 총 11문항을 선정하였다. 대부분의 문항이 대인관계와 관련되어 있으며 사회적 소외감을 느끼는 것과 관련되어 '사회적 소외감' 영역으로 명명하였다.

요인2의 경우, '나를 보잘것없는 존재로 보는 사람이 있다', '내 생각은 전혀 해주지 않는 사람이 있다' 등 총 4문항으로 구성되었다. 그러나 문항 분석 결과 3, 4번 문항의 상관이 .886으로 나타나 문항 제거 시 신뢰도가 더 높아지는 4번 문항을 삭제하기로 하였다. 이에 요인2는 총 3문항으로 구성되며, 주로 대인관계에서 자신에 대한 타인에 태도, 특히 자신에 대해서 어떻게 생각하는지에 대한 내용이 포함된다. 따라서 요인2는 대인관계 과민성으로 명명하였다.

요인3은 '너무 늦어서 아무것도 할 수 없게 될 때까지 문제 해결을 미룬다', '마음이 상해도 표현할 수 없다' 등 8문항으로 이루어져 있다. 그러나 문항 분석 결과 '너무 늦어서 아무것도 할 수 없게 될 때까지 문제 해결을 미룬다'는 문항이 다른 문항들과 .3 이하의 낮은 상관을 보이는 것으로 나타났다. 이에 요인3은 30번 문항을 제외한 총 7문항으로 구성되었다. 문항들은 주로 자신의 문제해결 능력에 대한 의심 혹은 이로 인한 자신의 문제 대처방식으로 구성되어 있어 해당 요인을 '문제해결 효능감'으로 명명하였다.

최종적으로 화병 심리 특성 척도는 총 21문항, 3요인으로 구성된다. 척도의 각 요인별 신뢰도와 문항 전체의 내적 일치도는 다음과 같다.

표 21. 화병 심리 특성 척도 문항 신뢰도 검증 결과

영역	사회적 소외감	대인관계 과민성	문제해결 효능감 부족	전체 문항
Cronbach' α	.957	.849	.845	.948

제2장

화병 종합 평가 구성과 내용

HWA-BYUNG

제2장

화병 종합 평가 구성과 내용

1. 화병 종합 평가 구성

화병 종합 평가는 총 3개의 척도로 구성되어 있다.

Ⅰ. 화병 증상 척도

증상 질문지는 화병 진단을 위해 사용되는 임상 척도로, 이를 통해 증상 심각도를 정량적으로 평가할 수 있다. 증상 질문지는 화병 환자들에게 나타나는 신체 증상과 분노와 관련된 경험을 평가하는 문항으로 구성되어 있다.

1) 화병 신체 증상

가슴 답답함, 열감, 치밀어 오름 등 화병 환자들이 경험하는 신체 증상이 포함된다.

2) 화병 정서 증상

분노와 관련되어 있는 질환인 만큼, 억울하고 분한 느낌, 화가 쌓여 있는 느낌 등이 포함된다.

3) 분노 통제 곤란

분노를 통제할 수 없을 정도로 느끼는 경험과 관련된 문항으로 구성되어 있다.

Ⅱ. 사건 질문지

사건 질문지는 진단 및 환자에 대한 이해를 위해 화병과 관련된 선행 사건을 평가하고자 하는 문항들로 구성되어 있다. 대부분의 화병 환자들은 화병 증상의 원인이 되는 사건을 설명할 수 있으며, 이는 다른 정신장애 환자들과 구분되는 특징 중 하나이다. 또한 사건 질문지에는 스트레스 사건에 대한 주관적 스트레스 수준을 파악할 수 있는 문항도 함께 구성되어 있다. 이를 통해 환자가 경험하고 있는 심리적 고통 수준뿐 아니라, 해당 스트레스가 얼마나 오래 지속되었는지 확인할 수 있다.

Ⅲ. 화병 심리 특성 척도

환자에 대한 이해와 감별 진단을 위해 참고적으로 사용되는 보충 척도의 성격을 가지는 질문지이다. 해당 질문지의 구성 요소는 선행 연구에서 확인된, 화병 환자들이 흔히 가지는 특징으로 이루어져 있다.

1) 사회적 소외감

사회적 관계를 통해서 타인들로부터 얻을 수 있는 사회적 지지의 부족으로 인한 주관적인 고립감 혹은 주위로부터 사회적 지지를 제공받을 수 없다는 생각을 의미한다.

2) 대인관계 과민성

자신이 부당하게 평가절하되어 무시당하며 살아간다고 생각하는 피해의식과 타인의 부당하고 이기적인 행동에 대한 예민성을 의미한다.

3) 문제해결 효능감 부족

대인관계 문제를 해결하는 데 있어서 자신이 무능하고 무력하다는 생각을 가지고 있음을 의미한다. 이들은 문제상황에 부딪히기보다는 스트레스로 인해 유발되는 정서적 고통을 줄이거나 문제해결을 회피하려는 시도를 하여 심리적인 균형 상태를 유지하는 것에 더 집중하는 전략을 선택한다.

2. 화병 종합 평가 내용

Ⅰ. 화병 증상 척도

증상 질문지는 때때로 경험할 수 있는 신체, 정서 증상들로 구성되어 있다. 지시문은 아래의 문항을 주의 깊게 읽은 후 최근, 즉 오늘을 포함하여 지난 일주일 동안 자신의 상태를 기준으로 표시하도록 안내된다. 문항 내용은 다음과 같다.

문항	
1.	억울하고 분한 감정을 느낀다.
2.	마음속에 화가 풀리지 않고 쌓여 있다.
3.	화가 쌓여 있어 사소한 일에도 분노를 느낄 때가 있다.
4.	가슴이 답답하다.
5.	가슴속에 열이 차 있는 것을 느낀다.
6.	얼굴에 열이 달아오른다.
7.	분에 차서 안절부절 못할 때가 있다.
8.	무언가 아래(배)에서 위(가슴)로 치민다.
9.	분노를 참을 수 없다고 느낄 때가 있다.
10.	분노를 주체하기 어려울 때가 있다.
11.	목이나 명치(가슴)에 뭉쳐진 덩어리가 느껴진다.
12.	가만히 있어도 가슴이 심하게 두근거린다.
13.	물건을 부수고 싶을 만큼 화가 날 때가 있다.

Ⅱ. 사건 질문지

사건 질문지는 수검자를 화나게 만든, 혹은 스트레스가 되는 사건에 대해 물어보고 있다. 사건 질문지의 첫 번째 문항은 현재 경험하고 있는 스트레스 사건의 유형을 묻는다. 제시되는 내용은 다음과 같다.

① 부부간 갈등	② 고부간 갈등	③ 금전적 문제
④ 부모와의 갈등	⑤ 자식과의 갈등	⑥ 직장 내 스트레스
⑦ 사회적 불공평성	⑧ 정치적 문제	⑨ 기타 ( )
⑩ 없음		

두 번째 문항은 위에 표시한 스트레스 사건에 대해 간단히 기술하도록 하는 서술형 문항이다.

이어서 위에 표시한 스트레스 사건 중 화병과 가장 관련 있다고 생각하는 하나의 사건에 대한 문항들이 제시된다. 해당 사건에 대한 현재의 느낌에 대한 내용으로 구성되어 있으며, 문항 내용은 다음과 같다.

	문항
1.	그것으로 인해 현재 얼마나 심적으로 고통스러우십니까?
2.	그것은 얼마나 힘들게 느껴집니까?
3.	그것은 인생 전반에 걸쳐 얼마나 오랫동안 영향을 미쳤습니까?

Ⅲ. 화병 심리 특성 척도

화병 심리 특성 척도는 때때로 경험할 수 있는 생각 혹은 느낌에 대한 문항으로 구성되어 있다. 문항 내용은 다음과 같다.

	문항
1.	사건을 해결하려고 노력하기보다는, 걱정을 많이 한다.
2.	내 생각은 전혀 해주지 않는 사람이 있다.
3.	내가 아무리 노력한다 해도, 문제를 해결할 수 있을지는 의심스럽다.
4.	세상에 혼자 있는 것처럼 느껴진다.
5.	마음이 상해도 표현할 수 없다.
6.	사람들이 진정으로 함께 있지 않고 그저 주위에 있을 뿐이라고 느낀다.
7.	내가 중요하게 생각하는 사람으로부터 위로나 격려를 받지 못한다고 느낀다.

8.	문제를 해결하는 것을 포기하며 살고 있다.
9.	사건을 해결하기 위해 노력을 하더라도 실패할 것이다.
10.	내 주위에는 더 이상 의지할 만한 곳이 없다.
11.	나를 무시하는 사람이 있다.
12.	나를 보잘것없는 존재로 보는 사람이 있다.
13.	중요한 문제가 생겼을 때, 해결 방법을 찾을 수 없다.
14.	문제 해결을 가능한 뒤로 미룬다.
15.	주변 사람들로부터 사랑과 보살핌을 받지 못하고 있다고 느낀다.
16.	내가 기분이 좋지 않을 때 나의 감정을 이해하려고 노력하는 사람이 없다.
17.	도움을 청할 사람이 아무도 없다고 느낀다.
18.	내가 도움이 필요할 때, 직접적 또는 간접적으로 도와주는 사람이 없다.
19.	내가 필요하고 가치 있는 존재임을 인정해주는 사람이 없다.
20.	내가 고민하는 문제를 기꺼이 들어주는 사람이 없다.
21.	내 주변 사람들은 내가 잘했을 때도 칭찬을 해주지 않는다.

제3장

화병 종합 평가 실시 및 채점

HWA-BYUNG

제3장

화병 종합 평가 실시 및 채점

제3장에서는 화병 종합 평가의 실시 및 채점에 관한 지침을 제공한다.

1. 검사실시자의 자격요건

• 화병 증상 척도

화병 증상 척도의 경우 화병을 선별해내기 위해 일차의료기관, 상담기관 등에서 유용하게 사용될 목적을 가지고 개발되었으므로 검사의 실시를 위한 특별한 자격요건의 제한은 없다. 그러나 정신건강에 대한 기초 지식을 가지고 있을 것을 권고한다.

• 화병 종합 평가

증상 척도와 함께 사건 질문지와 화병 심리 특성 척도를 모두 사용하여 화병에 대한 종합 적인 평가를 실시하는 경우 특정한 자격요건이 요구된다. 검사자는 화병을 포함한 정신건강 에 관한 전문적인 지식을 가지고 있어야 하며, 이는 관련 자격증의 소지 유무로 판단한다. 여 기에는 한의사나 의사, 임상심리전문가, 전문가에 준하는 임상 및 상담 관련 자격증 소유자 가 포함된다. 혹은 심리학과 관련된 석사 혹은 박사 학위를 소지하고 있어야 하며, 석사 과정

생에게도 검사 자격이 부여된다.

2. 검사 시행 시 유의사항

검사를 실시하는 장소는 조용하고, 적절한 조명으로 어둡지 않은 곳이어야 한다. 또한 물건들이 산만하게 배치되어 있는 등의 시야 방해가 없어야 한다.

검사 시행의 경우, 원칙적으로는 환자가 직접 읽고 작성하도록 한다. 시각적으로 어려움이 있는 등 검사 시행에 문제가 되는 부분이 있다면, 돋보기 등의 보조기구를 제공함으로써 가급적 본인이 할 수 있도록 한다. 그러나 보조기구를 사용할 수 없는 경우에 한해서만 검사자가 문항을 읽어줄 수 있다. 이때 임의로 문항을 요약하거나 단어를 생략하지 않아야 하며, 문항은 적힌 그대로 읽어야 한다. 만일 수검자가 척도에 사용된 문항 혹은 단어를 이해할 문해능력이 없다고 판단될 경우 검사는 시행하지 않도록 한다. 수검자가 글씨를 쓰는 데 어려움이 있는 경우 대신 작성해줄 수 있으나, 검사자가 임의로 요약하지 않고, 수검자의 단어 그대로 작성해야 한다. 수검자가 검사에 집중하는 데 어려워하는 경우에는 문항을 읽어주면서 진행할 수 있지만, 검사 진행에 어려움이 큰 경우 시행하지 않도록 한다.

3. 검사의 실시와 채점

1) 검사의 실시와 채점

• 화병 증상 척도

수검자에게 문항의 내용과 명시된 기간을 주의 깊게 읽고 해당되는 숫자에 필기구를 사용하여 표시하도록 한다. 검사의 실시가 끝나면 검사자는 각 요인별 총합과 척도의 총합을 구한다.

• 스트레스 사건 질문지

해당 설문지에는 서술형 문항이 존재한다. 해당 문항은 수검자가 경험한 스트레스 사건에 대하여 구체적인 내용을 묻는 문항이긴 하나, 제시된 기입란에 작성될 정도로 간략한 서술로 기입할 것을 설명한다. 또한 사건의 유형을 물어보는 이전 문항에서 중복 응답을 한 경우, 그 중 제일 '화병의 원인'으로 생각되는 사건을 서술할 것을 지시한다.

• 화병 심리 특성 척도

수검자에게 문항의 내용과 명시된 기간을 주의 깊게 읽고 해당되는 숫자에 필기구를 사용하여 표시하도록 한다. 실시가 끝나면 검사자는 각 요인별로 문항의 총합을 구한다.

2) 채점과 관련된 정보

• 화병 증상 척도

화병 증상 척도의 경우 문항의 총합으로 화병의 진단 여부가 평가되며, 절단점(cut-off point)은 22점이다. 화병 증상 척도의 민감도와 특이도, 예측도는 다음과 같다.

절단점	AUC	민감도(%)	특이도(%)	PPV(%)	NPV(%)
22	0.995	99.44	92.08	95.72	98.94

화병 증상 척도의 경우, 각 요인마다 점수의 총합을 구한다. 점수가 높을수록 증상의 심각도가 높음을 의미한다. 각 요인에 해당되는 문항은 다음과 같다.

요인	문항
화병 신체 증상	5. 가슴속에 열이 차 있는 것을 느낀다. 8. 무언가 아래(배)에서 위(가슴)로 치민다. 4. 가슴이 답답하다. 11. 목이나 명치(가슴)에 뭉쳐진 덩어리가 느껴진다. 12. 가만히 있어도 가슴이 심하게 두근거린다. 6. 얼굴에 열이 달아오른다.
화병 정서 증상	2. 마음속에 화가 풀리지 않고 쌓여 있다. 1. 억울하고 분한 감정을 느낀다. 3. 화가 쌓여 있어 사소한 일에도 분노를 느낄 때가 있다. 7. 분에 차서 안절부절 못할 때가 있다.
분노 통제 곤란	13. 물건을 부수고 싶을 만큼 화가 날 때가 있다. 10. 분노를 주체하기 어려울 때가 있다. 9. 분노를 참을 수 없다고 느낄 때가 있다.

각 요인별 절단점과 민감도, 특이도, 예측도는 다음과 같다.

요인	절단점	AUC	민감도(%)	특이도(%)	PPV(%)	NPV(%)
화병 정서 증상	8	0.994	96.67	93.07	96.13	94
화병 신체 증상	11	0.995	98.89	93.07	96.22	97.92
분노 통제 곤란	6	0.979	97.78	90.1	94.62	95.79

- 스트레스 사건 질문지

해당 설문지는 화병의 원인이 되는 사건을 파악하기 위한 목적을 가지고 있다. 화병 환자의 경우 화병의 원인이 되는 사건을 알고 있다는 점이 우울증 환자와 다른 특징적인 요소로 밝혀져 있다. 그렇기 때문에 해당 설문지를 응답하기 어려워한다면 화병이 아닐 가능성을 생각해보아야 한다.

또한 이어지는 질문들을 통해 선행 사건으로 현재 심적으로 얼마나 고통스러운지, 얼마나 힘든지 평가할 수 있다. 또한 인생 전반에 걸쳐 얼마나 오랫동안 영향을 미쳤는지 확인할 수 있다. 해당 문항들은 스트레스 수준 및 선행 사건의 특성을 파악하기 위해 별도의 계산 없이 개별적으로 사용된다.

- 화병 심리 특성 척도

화병 심리 특성 척도의 경우, 각 요인마다 점수의 총합을 구한다. 점수가 높을수록 해당 요인이 의미하는 특성이 높음을 뜻한다. 각 요인에 해당되는 문항은 다음과 같다.

요인	문항
사회적 소외감	4. 세상에 혼자 있는 것처럼 느껴진다. 6. 사람들이 진정으로 함께 있지 않고 그저 주위에 있을 뿐이라고 느낀다. 7. 내가 중요하게 생각하는 사람으로부터 위로나 격려를 받지 못한다고 느낀다. 10. 내 주위에는 더 이상 의지할 만한 곳이 없다. 15. 주변 사람들로부터 사랑과 보살핌을 받지 못하고 있다고 느낀다. 16. 내가 기분이 좋지 않을 때 나의 감정을 이해하려고 노력하는 사람이 없다. 17. 도움을 청할 사람이 아무도 없다고 느낀다. 18. 내가 도움이 필요할 때, 직접적 또는 간접적으로 도와주는 사람이 없다.

	19. 내가 필요하고 가치 있는 존재임을 인정해주는 사람이 없다.
	20. 내가 고민하는 문제를 기꺼이 들어주는 사람이 없다.
	21. 내 주변 사람들은 내가 잘했을 때도 칭찬을 해주지 않는다.
대인관계 과민성	2. 내 생각은 전혀 해주지 않는 사람이 있다.
	11. 나를 무시하는 사람이 있다.
	12. 나를 보잘것없는 존재로 보는 사람이 있다.
문제해결 효능감 부족	1. 사건을 해결하려고 노력하기보다는, 걱정을 많이 한다.
	3. 내가 아무리 노력한다 해도, 문제를 해결할 수 있을지는 의심스럽다.
	5. 마음이 상해도 표현할 수 없다.
	8. 문제를 해결하는 것을 포기하며 살고 있다.
	9. 사건을 해결하기 위해 노력을 하더라도 실패할 것이다.
	13. 중요한 문제가 생겼을 때, 해결 방법을 찾을 수 없다.
	14. 문제 해결을 가능한 뒤로 미룬다.

화병 심리 특성 척도 문항에 대하여 화병으로 진단받은 사람과 그렇지 않은 사람 간의 요인별 점수 차이는 다음과 같다.

요인 (문항수)	화병 환자 (N=180)		정상 집단 (N=101)	
	평균	표준편차	평균	표준편차
사회적 소외감 (11)	25.61	9.546	6.47	7.171
대인관계 과민성 (3)	7.77	2.582	3.39	3.134
문제해결 효능감 부족 (7)	18.42	4.891	8.14	6.177
화병 심리 특성 (21)	51.80	14.795	18.03	13.927

4. 척도 의미 및 결과 해석

Ⅰ. 화병 증상 척도

화병 증상 척도의 총점이 22점이 넘는다는 것은 우리가 일반적으로 말하는 '화병'을 가지고 있음을 의미한다. 화병을 가진 사람은 마음속에 분노가 쌓여 있다고 느낄 뿐 아니라 가슴 답답함, 열감 등의 신체 증상 역시 호소한다. 그러나 높은 분노 수준을 보고한다고 해서 항상 신체 증상을 호소하는 것은 아니다. 화병의 진단을 위해서는 증상 척도의 총점이 중요하나, 환자의 상태를 구체적으로 파악하기 위해선 하위 요인의 점수를 고려하여 해석할 수 있어야 한다.

1) 화병 신체 증상

이 하위 요인에서 점수가 높은 사람은 분노를 유발하는 사건이 해결되지 않음에 따라 감정이 오래 지속되면서 신체화가 나타난 것으로 해석된다. 이는 스트레스가 되는 사건이 오래 지속되고 있으며 해결이 어려운 상황으로 시사된다. 이들은 이유를 알 수 없는 통증을 호소하기도 하며, 이는 다른 신체적 질병으로 인한 것이 아니다. 흔하게 호소하는 증상에는 가슴 답답함, 머리 혹은 가슴 부근의 열감, 그리고 무언가 치미는 느낌 등이 포함된다.

한의학에서 '화병'으로 진단하기 위해서는 정서 증상뿐 아니라, 해당 화병 신체 증상의 점수 역시 높게 나타나야 한다.

2) 화병 정서 증상

이 하위 요인에서 점수가 높은 사람은 현재 자신의 삶에서 발생한 어떤 사건으로 인해 분노 감정을 크게 느끼고 있음을 의미한다. 그들이 처한 상황은 쉽게 해결될 수 없기 때문에, 화를 해소하는 것이 어려워 분노를 지속해서 느끼고 있다. 분노는 긴 시간 그들의 마음속에 쌓여 있다.

만일 신체 증상 요인의 점수가 낮고, 정서 증상의 점수만이 절단점을 넘길 정도로 상승했을 경우, 전통적인 의미에서의 화병이 아닌 현재 분노를 크게 느끼고 있는 상태 혹은 화가 나는 상황에 처해진 것으로 보인다. 이들은 과도한 분노 정서로 인해 주의집중력이 떨어지는 등 일상생활에서의 기능 저하가 있을 수 있으나, 신체화가 나타날 정도로 긴 시간 경험하고 있는 것이 아니기 때문에 문제가 해결될 경우, 증상이 사라질 가능성이 높다.

3) 분노 통제 곤란

해당 요인에서 점수가 높은 사람들은 '화병 정서 증상'에서만 점수가 높게 나온 사람들보다 더 큰 분노를 느끼고 있다고 보인다. 이들은 자신들에게 쌓여 있는 화를 통제하기 어렵다고 느낄 정도로 분노를 가지고 있다. 물건을 부수고 싶을 만큼 화가 난다는 문항을 통해 정서를 행동화하고자 할 정도로 상당히 높은 수준의 분노를 느끼고 있음을 알 수 있다.

Ⅱ. 화병 심리 특성 척도

화병 심리 특성 척도는 점수가 높을수록 쉽게 해결하지 못하는 스트레스를 받았을 때 화병으로 이어질 가능성이 높음을 의미한다. 해결되지 않는 분노는 신체 증상으로 이어지며, 이는 결국 화병에 대한 취약성으로 이어진다. 화병 심리 특성 척도는 각 하위 요인별로 해석하며, 각 점수가 높을수록 해당 요인의 특성이 높음을 의미한다. 점수에 대한 정보는 47쪽에 화병 환자와 정상인 집단의 평균과 표준편차가 제시되어 있다.

1) 사회적 소외감

사회적 소외감 점수가 높게 나타난 사람은 현재 경험하고 있는 사건과 관련하여 극도의 고립감, 고독감을 느끼고 있는 상태이다. 이들은 도움을 청하거나 자신을 도와줄 사람이 없다고 느낀다. 이러한 소외감은 통상적인 소외감, 외로움이라기보단, 해당 사건과 관련한 정서로 해석해야 한다. 다시 말해 일반적인 상황에서 평소에 느끼는 정서를 기준으로 한다면 점수가 상승하지 않을 수 있으나, 해당 문항은 특정 스트레스 사건에 제한해서 물어봤다는 점을 명심해야 한다. 예를 들어 가족이나 친구 등의 지지 체계가 존재한다고 하더라도, 직장에서 일을 혼자 하게 되는 등 사회적으로 도움을 받을 수 없다고 느낀다면 해당 요인에서 점수가 상승할 것이다.

해당 요인에서 말하는 사회적 소외감은 어려운 일을 겪으면 느낄 수밖에 없는 정서로 볼 수 있다. 점수가 높은 사람은 수행에서 어려움을 느끼고 있을 가능성이 높으며, 외부 세계가 스트레스 원으로 작동하고 있다. 그러나 기능 수준의 저하가 보이지 않아도 해당 요인에서 점수가 높을 수 있는데, 이는 애초 대인관계에서 도움을 구하지 않거나 타인의 도움을 기대하지 않는 사람일 수 있다.

2) 대인관계 과민성

해당 요인에서 높은 점수를 받은 사람들의 스트레스 원은 외부 환경 중 타인의 태도일 가능성이 높다. 이들은 타인으로부터 자신이 무시당하고 있거나 배려 받지 못한다고 느낀다. 단지 도움을 받지 못하는 것을 넘어서 적대심을 가지고 자신을 괴롭히고 있다고 생각한다.

만약 '사회적 소외감'에 비해 '대인관계 과민성'의 점수가 유의하게 높을 경우, 대인관계 내에서 갈등을 경험하고 있으며, 이러한 문제를 해결하지 못하고 있을 가능성이 높다.

3) 문제해결 효능감 부족

화병 환자들의 화가 해소되지 못하고 쌓이는 이유는, 스트레스를 경험하게 하는 사건을 해결하지 못한 이유가 크다. 해당 하위 요인의 점수가 높은 사람들은 자신이 문제를 해결할 수 있을 것이라 생각하지 못한다. 이러한 문제에는 일상생활, 기능수행, 대인관계 영역 어디에도 포함될 수 있다. 이들은 문제를 해결하지 못할 것이라는 생각에 문제를 적극적으로 해결하기 위한 시도를 하지 못하고, 회피하거나 문제를 잊기 위해 다른 행동을 하기도 한다.

5. 임상 적용 사례

1) 시댁 스트레스로 인한 60대 여성 화병 환자

• 화병 증상 척도

화병 증상 척도 프로파일						
척도	원점수	점수 그래프				
		10	20	30	40	52
증상 척도 총점	36		22		39.3 / 36	
화병 신체 증상	20	17.8	20			
화병 정서 증상	14	13.2	14			
분노 통제 곤란	4	8.3 / 4				

*붉은 선은 화병 집단 선별을 위한 절단점이며, 회색 선은 화병 환자 표본의 평균임

증상 척도의 총점은 36점으로, 절단점 22점 이상으로 상당히 상승하고 있어서 명백한 화병 증상을 보이고 있다는 것을 확인할 수 있다. 하지만 본 연구에서 조사한 우리나라 화병 환자 집단의 평균 점수는 39.3으로 나와 화병 환자 집단의 평균보다는 다소 낮은 수준이다.

화병 신체 증상은 주로 가슴 답답함, 열감 등이 포함되는데, 해당 척도의 점수가 20점으로 나타나면서 신체 증상들을 강하게 호소하고 있음을 알 수 있다. 신체 증상 척도에 대해서는

별도의 절단점이 있는 것은 아니지만 화병 환자들의 신체 증상 평균을 비교해봤을 때, 2.2점 더 높은 점수를 나타내고 있어서 어떤 신체 질병원인이 아닌 심인성으로 발생하는 신체 증상들을 다수 경험하고 있고, 이러한 증상들로 인해 생활에서 큰 고통을 경험하고 있을 가능성을 시사하고 있다. 화병 정서 증상은 화병의 특징적인 정서, 즉 분노와 억울함을 측정하는 척도이다. 해당 척도는 14점으로 나타났는데 이는 화병 환자 집단의 평균인 13.2점보다 높은 수준이어서 매우 높은 수준의 화병 관련 부정적 정서를 경험하고 있는 것으로 볼 수 있다. 반면 분노 통제 곤란 척도는 다른 척도들과 달리 평균보다 낮게 나타났다. 이는 이 환자의 독특한 증상 특성을 잘 보여주고 있다고 볼 수 있다. 종합적으로 봤을 때 화병의 전형적인 증상들을 심각하게 경험하고 있고, 분노와 억울함과 같은 부정적인 정서 수준이 매우 높다. 그러나 이러한 분노를 적절하게 통제할 수 있어 과도한 분노 표출과 같은 문제로 인한 심각한 부적응이나 대인관계 문제가 나타나고 있진 않다고 유추해볼 수 있다. 그러나 화병 정서 증상을 가지고 있음을 고려했을 때, 이를 적절하게 해소하지 않고 현 상태를 유지할 경우에는 심각한 분노 조절 등의 문제가 나타날 것이 우려된다. 또한 스트레스 사건의 기간이 1년 이상임을 고려했을 때, 이는 분노가 나타나지 않은 것이 아니라 분노를 참아온 기간이 길어짐에 따라 화를 내지 않고 참는 법을 학습한 것으로 보인다. 언제까지 이러한 방식이 유용할 것이라 생각할 수 없기 때문에 분노를 유발할 수 있는 자극을 효율적으로 통제할 수 있는 전문적인 치료나 교육이 필요한 상태다.

• 사건 질문지

스트레스 사건 유형	① 부부간 갈등, ② 고부간 갈등
사건 내용: 시어머니께 비밀번호를 말씀드리지도 않았는데, 아무 때나 현관 비밀번호를 누르고 들어오신다. 오셔서 안방부터 냉장고 안까지 구석구석 살펴보고는 더럽다, 게으르다 욕을 하고 가신다. 남편에게 말해도 본인 어머니 편만 들지, 자신의 이야기는 들어주지 않는다. 오히려 외로우셔서 그러신 것이라며 본인 어머니께 잘하라고 큰소리만 치는데, 이런 생활도 벌써 4년째 지속되고 있다.	

문항	원점수	점수 그래프				
		1	2	3	4	5
심리적 고통감	4					
심리적 어려움	5					
문항	원점수	2주	1개월	6개월	1년	1년 이상
스트레스 지속 기간	5					

화병 증상이 유의미하게 존재한다는 것을 확인한 후에는, 환자가 어떤 스트레스를 가지고 있는지, 무엇으로 인한 스트레스인지 확인하는 것이 중요하다. 주요 스트레스 원이 무엇인지 분석해야 치료적인 개입에 대한 계획을 세울 수 있기 때문이다. 이 환자는 주로 시어머니의 자신을 배려하지 않는 행동과 태도 때문에 스트레스를 받고 있다. 또한 중간에서 중재자의 역할을 해주어야 할 남편이 제 역할을 하지 못하면서 문제가 악화되고 있어 보인다.

심리적 고통감과 어려움은 단일 문항이며, 규준자료가 없어서 이 점수를 해석하는 데에는 한계가 있다. 그러나 환자가 시어머니와 남편으로 인해 발생하고 있는 시댁 스트레스에 대해서 매우 심각한 고통을 겪고 있다는 것은 이 척도를 통해 확인할 수 있다. 또한 이 문제는 만성적이라는 것을 확인할 수 있는데 이는 단기간에 해결될 수 있는 문제가 아니라는 것을 유추할 수 있고, 또한 환자가 꽤 오랜 기간 고통받아 왔음을 알 수 있다.

• 화병 심리 특성 척도

화병 심리 특성 척도 프로파일						
척도	원점수	점수 그래프				
		10	20	30	40	44
사회적 소외감	18	6.47	25.6 **18**			
대인관계 과민성	10	3.4 7.8 **10**				
문제해결 효능감 부족	20	8.1	18.42 **20**			

*회색 선은 정상 집단의 평균 점수이며, 붉은 선은 화병 환자 집단의 평균 점수임

화병 심리 특성 척도는 쉽게 해결하지 못하는 스트레스를 받았을 때 화병으로 이어질 가능성에 대한 정보를 제공한다. 화병에 걸릴 가능성이 높거나, 화병과 관련 있는 스트레스 사건이 발생했을 때 문제를 해결하지 못하고 오히려 악화시키는 개인의 성향을 확인하기 위한 척도다. 해당 척도가 높게 나왔다고 해서, 성격적으로 장기간 걸친다고 보기엔 어려움이 있지만, 적어도 현재 스트레스를 대처하는 데 있어 환자의 역량을 확인하는 데 좋은 정보가 된다.

사회적 소외감 척도는 18점으로 다소 상승해 있는데, 이는 정상 집단과 화병 환자 집단 평균의 중간 정도에 위치하고 있다. 상대적으로 소외감이 아주 큰 편은 아니지만, 주변 사람들로부터 도움을 받을 수 없을 뿐 아니라 자신이 경험하고 있는 고통감을 공감하거나 위로해주는 사람도 없다고 느낄 수 있다. 이는 시모와의 관계에서 남편이 중재하지 못하고, 오히려 시모의 편을 드는 모습이 반영된 것으로 보인다. 다만 높은 점수를 고려해봤을 때, 남편뿐 아니라 친정이나 친구와 같이 스트레스에 있어 완충 역할을 할 수 있는 존재도 충분하지 않을 수 있다.

대인관계 과민성 척도는 타인이 자신을 정당하게 대우하고 있는지에 대한 내용으로 구성된다. 해당 척도는 10점으로 나타나면서, 화병 환자 집단의 평균 7.8점 이상으로 상승했다. 이는 환자가 현재 경험하고 있는 문제가 다른 사람 때문일 가능성이 높다는 것을 시사하며, 그렇지 않더라도 다른 사람이 그 문제를 심화시키고 있을 수 있다. 특히 환자가 현재 시모와의 관계에서 배려 받지 못하고 있음을 고려했을 때, 환자는 시모가 자신을 무시할 뿐 아니라, 의도적으로 자신을 괴롭히고 있다고 생각할 수 있다. 즉 현재 자신은 시댁에서 부당한 대우를 받고 있다고 생각하고, 이에 대한 피해의식이 심각하다고 해석할 수 있다. 그러나 주의해야 할 점은 해당 척도를 통해 실제로 상대가 피검자를 무시하고 있는지, 부당하게 대우하고 있는지는 알 수 없다는 점이다. 그러나 실제로 그렇다고 확신할 수 없을 지라도, 환자의 주관적 세계에서 타인은 피검자에 부당하게 행동하고 있기 때문에 의미 있게 해석해야 할 필요가 있다.

문제해결 효능감 부족 척도는 피검자 왜 화병을 겪고 있는지에 대한 중요한 정보를 준다. 해당 척도는 20점으로 화병 집단 평균 이상으로 상승하고 있어, 매우 스트레스 유발적인 시댁과의 관계를 스스로 해결하고 답을 찾을 수 없다고 느끼고 있을 가능성이 높다. 시모와 남편과의 갈등을 해결할 수 없다고 생각해 문제해결을 위한 행동을 하고 있지 않을 수 있다. 4년이라는 시간 동안 갈등이 지속된 것을 고려했을 때, 문제해결 자체를 포기했을 가능성이 있다. 이러한 문제를 해결하지 못한다는 생각은 화병의 핵심적인 인지 중 하나이다. 해결하지 못한다는 생각 때문에 문제를 해결하기보다는, 본인이 참고 넘어가는 일이 많아 속에서 화가 계속 쌓이다가 신체적인 증상으로 나타나기 때문이다. 문제를 해결할 수 없다고 생각하는 데에는 본인의 실제적인 자원이 부족해서일 수도 있고, 왜곡된 사고 때문일 수도 있어 여러 가지 가능성을 고려해야 한다. 특히 해당 환자의 경우 대인관계 지지 자원도 부족하다는 것을 고려한다면 외부적인 치료가 더욱 필요할 것으로 보인다.

- 종합

선행 사건 유무	화병 증상 척도		화병 진단 여부
	원점수	절단점 상승 여부	
O	36	O	O

종합적으로, 해당 환자는 고부간 갈등과 부부간 갈등이라는 선행 사건으로 인해 스트레스를 호소하고 있으며, 화병 증상 척도가 절단점 22점을 넘긴 36점으로 나오면서 화병으로 충분히 진단 가능하다. 해당 환자는 분노와 억울함 등 부정적인 정서를 느끼지만 이를 해소하거나 표출하지 못한 채 속으로만 참는 전통적인 화병을 보이고 있다. 전통적인 화병은 분노를 유발하는 사건이 해결되지 못하고 오래 지속되거나 반복되면서 마음속에 화가 쌓이면서 발생한다. 이렇게 생긴 화병은 사건 혹은 사건의 원인이 사라져도 증상이 유지되는 경우가 많아 환자에게 맞는 심리적 개입이 필요해 보인다. 해당 환자의 경우 전반적으로 대처능력이 부족하기 때문에 이에 맞는 심리치료 및 교육이 도움이 될 것이다. 또한 신체적인 증상들을 호소하고 있기 때문에 한의학적 치료에서도 좋은 반응이 기대된다.

2) 직장 내 스트레스로 인한 20대 남성 화병 환자

• 화병 증상 척도

화병 증상 척도 프로파일						
척도	원점수	점수 그래프				
		10	20	30	40	52
증상 척도 총점	35		22		39.3 **35**	
화병 신체 증상	11	17.8 **11**				
화병 정서 증상	14	13.2 **14**				
분노 통제 곤란	10	8.3 **10**				

*진한 붉은 선은 화병 집단 선별을 위한 절단점이며, 연한 붉은 선은 화병 환자 표본의 평균임

　증상 척도의 총점은 35점이며 화병 진단기준인 22점보다 매우 높은 수준의 증상을 호소하고 있으므로 화병으로 진단될 수 있다. 화병 증상으로 인해 환자의 고통감이 극심할 것으로 생각되는 바, 증상에 대한 전문적인 치료가 시급한 상태라고 할 수 있겠다. 다만, 화병 환자의 평균보다는 다소 낮은 수준의 증상을 나타내고 있는 것으로 보인다.

　신체 증상 척도는 11점으로 화병 환자 평균보다 다소 낮은 수준이다. 상대적으로 환자는 신체 증상으로 인한 고통감은 낮아 보인다. 신체 증상 척도는 화병 환자의 평균에 미치지 못하지만, 정서 증상 척도는 평균 이상으로 높게 상승해 있어 분노, 억울함으로 인한 극심한 고통감을 겪고 있는 것으로 나타난다. 분노 통제 곤란 척도는 분노를 통제하기 어려운 정도를 의미한다. 특히, 환자의 경우 분노 통제 척도가 10점으로 평균보다 높게 상승해 있어 높은 수준의 분노를 경험하고 있으며, 이러한 분노 통제에 실패하여 공격성을 능동적 혹은 수동적으로 표현할 가능성이 있어 보인다.

　전통적인 화병은 신체 증상과 정서 증상이 함께 동반되어야 한다. 신체 증상 척도는 높게 나타나지 않지만 정서 증상 척도가 상승하는 양상은 최근 젊은 화병 환자에서 나타나는 특징이다. 환자는 높은 수준의 분노 및 억울함을 경험하며 이러한 분노를 조절하는 데 어려움을 보이고 있다. 분노가 계속해서 축적된다면 적절하지 않은 상황에서 외현화된 행동으로 발현

되고, 결국 대인관계에서 여러 문제를 발생시킬 수 있다. 따라서 적절한 분노 조절 방법에 대한 전문적인 치료가 필요하다.

- 사건 질문지

스트레스 사건 유형	⑥ 직장 내 스트레스

사건 내용: 직장에서 승진과 관련된 중요한 프로젝트를 맡고 있는데, 팀원들이 마음만큼 따라와 주지 않는다. 회의 때마다 지각은 기본이고, 프로젝트에 대한 이해도가 낮아 배정된 과업을 제대로 완수하지 못한다. 혼자 프로젝트를 이끌고 있는 상태에서, 상사는 자신이 수행해야 하는 업무까지 떠밀며 과도하게 많은 업무를 지시한다.

문항	원점수	점수 그래프				
		1	2	3	4	5
심리적 고통감	5					
심리적 어려움	5					
문항	원점수	2주	1개월	6개월	1년	1년 이상
스트레스 지속 기간	4					

심리적 고통감과 심리적 어려움 문항은 모두 5점으로, 현재 환자는 직장 내 팀원과 상사로 인해 극심한 스트레스를 받고 있다. 전통적인 화병 환자의 신체 증상은 분노 경험이 장시간 지속되며 나타나는 경우가 많다. 반면 환자의 경우 신체 증상 수준과 스트레스 지속 기간을 고려했을 때, 현재의 분노 경험은 부서 이동과 같이 스트레스 사건이 해결되면 완화될 가능성이 높아 보인다.

• 화병 심리 특성 척도

화병 심리 특성 척도 프로파일						
척도	원점수	점수 그래프				
		10	20	30	40	44
사회적 소외감	21	6.47	25.6 **21**			
대인관계 과민성	10	3.4 7.8 **10**				
문제해결 효능감 부족	17	8.1 18.42 **17**				

*연한 붉은 선은 정상 집단의 평균 점수이며, 진한 붉은 선은 화병 환자 집단의 평균 점수임

사회적 소외감 척도는 21점으로 정상 집단 평균보다 매우 상승해 있지만 화병 환자 평균에 비해 다소 낮다. 즉, 환자는 친구나 가족, 직장동료들로부터 직장생활 관련 문제를 직접적으로 해결하기 위한 도움을 받을 수 없다고 느끼며, 이로 인해 고통감을 겪고 있는 것으로 보인다. 갈등 상황을 해결하는 데 있어서 주변 사람들에게 의지를 하지 않는 성향이 반영되었거나 실제로 고통감을 이해해줄 수 있는 정서적인 지지체계의 부족이 반영된 결과일 수 있다.

대인관계 과민성 척도는 10점으로 화병 환자 집단 평균 이상으로 매우 높게 나타났다. 자신이 부당한 대우를 받고 있다고 보면서 팀원과 상사를 비난하는 태도가 드러난다고 할 수 있다. 이는 자신의 어려움을 다른 사람의 탓으로 돌리면서 자기를 합리화하거나 연민하는 경향으로 나타날 수 있다.

문제해결 효능감 척도는 17점으로 정상 집단 평균보다 매우 상승해 있지만 화병 환자 평균에 비해 다소 낮다. 환자는 직장생활 관련 문제를 해결할 수 있다는 자신감이 저하되어 있는 것으로 보인다. 이러한 효능감 부족으로 인해 문제 상황에 대한 회피적인 태도가 나타날 수 있다. 전반적으로 환자는 직장생활 문제를 해결하기 위한 내적인 자원이나 지지체계가 부족하고 외부로부터 문제가 발생된다고 생각하므로 직장생활에서의 스트레스가 더욱 가중되고 있는 것으로 보인다. 특히 대인관계 과민성 척도가 매우 상승하여 주변 사람들에 대한 적대감으로 인해 고통감이 가중되고 있는 것으로 생각되는 바, 이에 대한 스트레스 대처 능력을 함양할 필요가 있어 보인다.

• 종합

선행 사건 유무	화병 증상 척도		화병 진단 여부
	원점수	절단점 상승 여부	
O	35	O	O

　종합적으로, 환자는 신체 증상의 호소는 적은 반면 통제하기 어려울 정도로 높은 수준의 분노와 억울함을 경험하고 있는데, 이는 전통적인 화병과 다른 젊은 화병의 독특한 양상이라고 할 수 있겠다. 한편, 전통적인 화병과 마찬가지로 환자는 스트레스 사건에 대한 고통감이 높고 화병 심리 특성 척도가 건강한 정상 집단의 평균보다 높게 상승해 있는 모습을 보인다. 따라서 현재 스트레스 사건이 해결된다고 하더라도 직장생활과 유사한 스트레스 사건에 노출된다면 화병이 재발할 가능성이 높다고 할 수 있다.

　젊은 화병 환자는 신체적 증상을 호소하는 경우가 적기 때문에 한방신경정신과보다 정신건강의학과나 상담센터에 방문하는 경우가 많으며 전통적인 심리치료를 선호하는 경향이 있다. 또한 정서 증상을 주로 호소하며 화병 관련 취약성이 낮은 특성을 가지고 있는 것으로 미루어 보아, 스트레스 원에 대한 대처 능력에 대한 심리치료가 반드시 병행될 필요가 있다.

참고문헌

강한아, & 김아영. (2013). 대학생용 사회적 자기효능감 척도 개발 및 타당화. 교육심리연구, 27(2), 263-283.

건강보험심사평가원. (2023년 2월 14일). 화병(火病) 성별/연령 10세 구간별 현황 2010-2021. http://opendata.hira.or.kr/op/opc/olap4thDsInfo.do

구병수, & 이종형. (1993). 화병에 (火病) 대한 문헌적 소고. 동의신경정신과학회지, 4(1), 1-18.

권정혜, 김종우, 박동건, 이민수, 민성길, & 권호인. (2008). 화병 척도의 개발과 타당도 연구. Korean Journal of Clinical Psychology, 27(1), 237-252.

김수연. "성인용 트라우마 사건 질문지의 개발 및 타당화." 국내석사학위논문 충북대학교, 2019. 충청북도

김종우, 권정혜, 이민수, & 박동건. (2004). 화병면담검사의 신뢰도와 타당도. 한국심리학회지: 건강, 9(2), 321-331.

김종우, & 김상영. (2013). 화병 임상진료지침 I.(개요). 동의신경정신과학회지, 24(1), 3-14.

김종우, 정선용, 서현욱, 정인철, 이승기, 김보경, ... & 김세현. (2010). 화병역학연구 자료를 기반으로 한 화병 환자의 특성. 동의신경정신과학회지, 21(2), 157-169.

민성길. (1989). 홧병(火病)의 개념에 대한 연구. 신경정신의학, 28, 604-616.

민성길. (2009). 화병연구. 엠엘커뮤니케이션.

민성길, & 김경희. (1998). 홧병의 증상. J Korean Neuropsychiatr Assoc, 37(6).

민성길, 박청산, & 한정옥. (1993). 홧병에 있어서의 방어기제와 대응전략. 신경정신의학 제32권 제4호. 506, 516.

민성길, 서신영, 조윤경, 허지은, & 송기준. (2009). 화병 척도와 연구용 화병진단기준 개발. 신경정신의학, 48(2), 77-85.

박지원. (1985). 사회적 지지척도 개발을 위한 일 연구(Doctoral dissertation, 연세대학교 대학원).

박지환, 민성길, & 이만홍. (1997). 홧병에 대한 진단적 연구. J Korean Neuropsychiatr Assoc, 36(3).

서수균, & 권석만. (2005). 분노사고 척도 개발과 타당화 연구: 일차적 분노사고와 이차적 분노사고. Korean Journal of Clinical Psychology, 24(1), 187-206.

손상준. (2007). 홧병의 진단적 연구(Doctoral dissertation, 연세대학교 대학원).

신혜진, & 김창대. (2002). 스트레스 대처 전략 검사(Coping Strategy Indicator)의 타당화 연구. 한국심리학회지: 상담 및 심리치료, 14(4), 919-935.

이만홍, 이호영, 민성길, 김경회, 김수영, 송동호, ... & 송금영. (1986). 한국판 진단적 면담검사의 개발과 그 타당도 검사—강화도 정신과 역학 연구 (I)—. 신경정신의학, 25, 300-314.

이장호, & 김정희. (1988). 지각된 스트레스, 인지세트 및 대처방식의 우울에 대한 작용: 대학신입생의 스트레스 경험을 중심으로. 한국심리학회지: 상담 및 심리치료, 1(1), 25-45.

이종성. (2010). 연구방법 21: 델파이 방법. 교육과학사.

이호영, 남궁기, 이만홍, 민성길, 김수영, 송동호, & 이은설. (1989). 강화도 정신과 역학 연구 (ill)—주요 정신질환의 평생유병률—. 신경정신의학, 28, 984-999.

이해완. <His Story> "火치유법 가장 많이 묻는데... 죽을 고비 넘긴 내 답은 '걷기'". 문화일보. 2017.11.29. https://www.munhwa.com/news/view.html?no=2017112901033521326001 (이철, 1995).

장재순, 조승모, & 김기왕. (2013). 현직 한의사의 한의진단 현황 조사 보고. 대한한의진단학회지, 17(2), 156-168.

전국한의과대학 신경정신과 교과서편찬위원회. (2012). 한의신경정신과학. 집문당.

주혜선, & 안현의. (2008). 외상후 위기 체크리스트: 개발 및 타당화 연구. 한국심리학회지: 일반, 27(1), 235-257.

진은주, & 황석현. (2019). 한국판 UCLA 외로움 척도 3 판의 타당화. 청소년학연구, 26(10), 53-80.

최이순. (2002). 사회적 문제 해결 도구의 신뢰도 및 타당도 연구. Korean Journal of Clinical Psychology, 21(2), 413-428.

한덕웅, 이장호, & 전겸구. (1998). 한국판 상태-특성 분노 표현 척도(STAXI-K). 한국심리학회지: 건강, 3(1), 18-32.

홍진표, 김창윤, 이창화, 김성윤, 박인호, 이철, & 한오수. (1995). 홧병 경험군과 홧병 비경험군간의 홧병의 질병개념에 대한 비교연구.

American Psychiatric Association. (1994). Diagnostic and statistical manual of mental disorders (4th ed.).

Carlson, E. B., Smith, S. R., Palmieri, P. A., Dalenberg, C., Ruzek, J. I., Kimerling, R., ... & Spain, D. A. (2011). Development and validation of a brief self-report measure of trauma exposure: the Trauma History Screen. Psychological assessment, 23(2), 463.

Kim, J. W., & Kim, S. Y. (2013). Clinical guidelines for hwabyung I.(overview). Journal of Oriental Neuropsychiatry, 24(spc1), 3-14.

Kinderman, P., & Bentall, R. P. (1996). A new measure of causal locus: the internal, personal and situational attributions questionnaire. Personality and Individual differences, 20(2), 261-264.

Lee, J., Wachholtz, A., & Choi, K. H. (2014). A review of the Korean cultural syndrome Hwa-Byung: Suggestions for theory and intervention. Asia T'aep'yongyang sangdam yon'gu, 4(1), 49.

Lee, S. J., Choi, Y. H., Rim, H. D., Won, S. H., & Lee, D. W. (2015). Reliability and validity of the Korean Young Schema Questionnaire-Short Form-3 in medical students. Psychiatry investigation, 12(3), 295.

Lin, K. M. (1983). Hwa-Byung: a Korean culture-bound syndrome?. The American Journal of Psychiatry.

Mokkink, L. B., Terwee, C. B., Knol, D. L., Stratford, P. W., Alonso, J., Patrick, D. L., ... & De Vet, H. C. (2010). The COSMIN checklist for evaluating the methodological quality of studies on measurement properties: a clarification of its content. BMC medical research methodology, 10(1), 1-8.

저자 소개

최승원
고려대학교 심리학과 졸업(문학사)
고려대학교 심리학과 졸업(문학석사)
경희의료원 임상심리연수 수료
고려대학교 심리학과 졸업(심리학박사)
분당서울대학교병원 정신건강의학과 임상심리전문가
Vanderbilt University, Department of Psychology, Posdoc Fellow
CEPP, Department de Psychiatrie, CHUV, Université de Lausanne, Visiting Professor
현) 덕성여자대학교 심리학과 부교수

김지수
덕성여자대학교 심리학과 졸업(문학사)
덕성여자대학교 심리학과 졸업(문학석사)

박성아
덕성여자대학교 철학과 졸업(문학사)
덕성여자대학교 심리학과 졸업(문학사)
덕성여자대학교 심리학과 졸업(문학석사)

화병 종합 평가 `지침서`

초판발행　　2023년 8월 31일

지은이　　　최승원 · 김지수 · 박성아
펴낸이　　　노　현

편　집　　　김다혜
기획/마케팅　허승훈
표지디자인　Ben Story
제　작　　　고철민 · 조영환

펴낸곳　　　㈜ 피와이메이트
　　　　　　서울특별시 금천구 가산디지털2로 53, 한라시그마밸리 210호(가산동)
　　　　　　등록 2014. 2. 12. 제2018-000080호
전　화　　　02)733-6771
f a x　　　02)736-4818
e-mail　　　pys@pybook.co.kr
homepage　www.pybook.co.kr
ISBN　　　979-11-6519-419-2　93180

정 가　　　9,000원

박영스토리는 박영사와 함께하는 브랜드입니다.